Qiu Chengzhong · Renate Büttner

Chinesische Küche

Bassermann

Inhalt

Einleitung

Rezepte

Besondere Zutaten der chinesischen Küche

Um „original chinesisch" zu kochen, bedarf es keines Direktimports exotischer Lebensmittel aus dem Fernen Osten: Von den benötigten Zutaten sind die meisten bei uns bekannt und auch erhältlich. Viele findet man in einem ganz normalen Supermarkt, die übrigen in Spezialgeschäften für asiatische Lebensmittel und in den Lebensmittelabteilungen großer Kaufhäuser.

Gemüse

Bambussprossen ①
Die gelben jungen Triebe (Sprossen oder Schößlinge) der eßbaren Bambusarten haben nur einen geringen Eigenschmack. Bei uns sind sie fast nur als Konserve erhältlich. Kaufen Sie möglichst solche mit großen Stücken, weil sie dann knackiger sind. Nicht verbrauchte Reste lassen sich, mit frischem Wasser bedeckt, noch einige Tage im Kühlschrank aufbewahren.

Chilischoten ②
Frische Chilischoten verleihen vielen chinesischen Speisen die notwendige Schärfe, und zwar sowohl die grünen, noch unreifen Schoten, als auch die roten, ausgereiften. Chilischoten gibt es in unterschiedlichen Größen, sie sind jedoch immer wesentlich kleiner und schlanker als Paprikaschoten und sehr scharf. Getrocknete, gemahlene Chilis kommen als Cayennepfeffer in den Handel.
Aufgrund ihrer Schärfe regen Chilischoten den Stoffwechsel an, fördern die Verdauung und wirken desinfizierend.

Chinakohl ③
Diese Kohlart ist in China neben dem Rettich das meist angebaute Gemüse. Chinakohl schmeckt mild, knackig-frisch und ganz dezent kohlartig. Er ist sehr gut bekömmlich und läßt sich auf vielerlei Art zubereiten.

Gemüsepeperoni ④
Hier handelt es sich um lange und schlanke Schoten, die schärfer als Paprikaschoten, aber milder als Chilis sind. Sie werden in China gerne verwendet, sind bei uns aber leider nicht immer erhältlich.

Mu-Err-Pilze ⑤
Diese Pilze, auch „chinesische Morcheln" oder „Wolkenohren" genannt, sind getrocknet erhältlich. Die Chinesen schätzen sie wegen ihrer knorpeligen, festen Konsistenz. Sie dienen vor allem als dunkle Farbtupfer in hellen oder bunten Gerichten und lassen sich – im Gegensatz zu Waldpilzen – mehrfach aufwärmen.

Mungbohnenkeime (Mungbohnensprossen) ⑥
Diese werden häufig als „Sojasprossen" bezeichnet, es handelt sich jedoch um die Sprossen einer erbsengroßen, grünen Hülsenfrucht, die auch grüne Sojabohne genannt wird. Mungbohnenkeimlinge sind sowohl frisch als auch als Konserve (dann heißen sie häufig Lunjasprossen) erhältlich. Frischware ist jedoch weitaus knackiger als konservierte. Da die Keimlinge leicht verderben, sollten Sie beim Kauf und bei der Verarbeitung darauf achten, daß sie noch weiß und trocken sind.

Paksoi ⑦
Das im Aussehen unserem Mangold ähnelnde Gemüse wird auch „chinesischer Blätterkohl" genannt. In Asien schätzt man ihn wegen seines feinen Geschmacks. Frischer Paksoi sollte möglichst rasch verarbeitet werden, da er leicht verdirbt.

Sichuangemüse ⑧
Es handelt sich hier um eine Senfkohlart, deren Knollen in Salz und Chili eingelegt werden. Sichuangemüse hat eine feste Konsistenz, ein scharf-würziges Aroma und gibt chinesischen Suppen und Gemüsemischungen einen prägnanten typischen Geschmack.

Sojabohnenkeimlinge (Sojabohnensprossen) ⑨
Die Sojabohne ist ein eiweißreicher Grundstoff für viele chinesische Nahrungsmittel. Ihre Keimlinge haben als Speisezutat jedoch weit geringere Bedeutung als die kleineren Mungbohnenkeimlinge. Im Gegensatz zu diesen müssen sie blanchiert oder gegart werden. Bei uns gibt es Sojabohnenkeimlinge vor allem konserviert, aber auch schon frisch im Bündel.

Strohpilze ⑩
Pilze mit einer kugeligen Kappe, die auf Reisstroh gezogen werden. In der Chinaküche setzt man sie hauptsächlich als strukturelles Element ein. Bei uns sind sie bisher nur getrocknet oder konserviert erhältlich.

Tung-Koo-Pilze (Tongkupilze) ⑪
Es handelt sich um getrocknete Shiitakepilze, deren geschmacksintensive Hüte (die zähen Stiele werden entfernt) vielen chinesischen Suppen ihren besonderen Pfiff verleihen. Auch zur Würze von Gemüsegerichten und von Füllmassen für Teigtaschen eignen sie sich hervorragend.

Wasserkastanien ⑫
Die walnußgroßen, braunschaligen Knollen einer Wasserpflanze schmecken frisch leicht nussig, als Konserve haben sie aber leider viel von ihrem feinen Geschmack, jedoch nichts von ihrer knackigen Konsistenz verloren. Wasserkastanien sind deshalb in Mischgemüsegerichten besonders beliebt. Konservenreste lassen sich einige Tage, mit frischem Wasser bedeckt, im Kühlschrank aufbewahren.

Obst

Lychees (Litchis)
Diese taubeneigroßen Früchte mit ihrer harten, schuppigen, roten Schale haben ein saftiges, festes, süßliches Fleisch. Lychees werden entweder roh gegessen oder zu leckeren Süßspeisen verarbeitet. Hierzulande sind sie mittlerweile auch frisch erhältlich. In größeren Mengen frisch verzehrt, steigern sie jedoch die Körpertemperatur.

Mangos
Diese äußerst saftige Tropenfrucht hat ein gelbes, süßes Fleisch, das in der Chinaküche vor allem für Süßspeisen verwendet wird. Rote Mangos sollte man kurz vor dem Verzehr in den Kühlschrank legen. Verzichten Sie bis zu zwei Stunden nach dem Genuß auf Milch oder Alkohol, da sonst heftige Magenbeschwerden auftreten können.

Gewürze und Würzsaucen

Austernsauce ①
Diese Sauce ist eine Mischung aus Austernextrakt, Stärke, Klebreis, Salz und Zucker und wird gerne für pikante Entengerichte verwendet. Nach dem Öffnen im Kühlschrank aufbewahren. Vorsicht bei Fischallergie!

Chilisauce ②
Die scharf-pikante Chilisauce aus pürierten Chilischoten, Essig und Salz verwendet man während der Zubereitung, die süße Chilisauce zum Eintunken gegarter Speisen.

Chinagewürz ③
Die rote Gewürzmischung schmeckt süßlich-scharf und besteht hauptsächlich aus Curry, Paprika, gemahlenem Ingwer und verschiedenen Pfeffersorten. Leider enthalten manche Gewürzmischungen auch reichlich Salz.

Curry ④
Die gelbe Gewürzmischung, vielen aus der indischen Küche vertraut, ist aber auch in China ein häufig, wenn auch nicht so intensiv verwendetes Gewürz. Curry besteht in der Regel aus Pfeffer, Paprika, Cayennepfeffer, Ingwer, Koriander, Kardamom, Nelken und Piment in verschiedenen Anteilen.

Hoisinsauce ⑤
Diese Sauce auf Pflaumen- und Sojabohnenbasis enthält Salz, Zucker, Knoblauch, Essig, Chili und Sesamöl und ist auch als „chinesische Grillsauce" erhältlich. Sie gibt es in Dosen oder Gläsern.

Ingwer ⑥
Von der Ingwerpflanze wird die Wurzel verwendet, die einen leicht-süßlichen, würzig-scharfen Geschmack hat. Man schält die

frischen Knollen, kocht sie in Stückchen oder preßt die Knolle in der Knoblauchpresse aus. Ingwer zählt zu den wichtigsten Würzzutaten in der chinesischen Küche. Deshalb sollte man immer einen kleinen Vorrat zu Hause haben. Er hält sich besonders gut,wenn man ihn in etwas trockenem Sand aufbewahrt. Neben dem frischen Ingwer wird auch in Sirup eingelegter Ingwer genommen. Die nußgroßen Stücke schmecken aber weniger intensiv, lassen sich jedoch, mit kaltem Wasser abgespült, gut verarbeiten. Der Sirup kann als zusätzliche Würzsauce dienen. Gemahlenen Ingwer verwendet man in China kaum.

Kantonpfeffer (Chinapfeffer) ⑦
Diese Gewürzmischung enthält verschiedene Pfeffersorten, Ingwer, Salz und Glutamat.

Reiswein ⑧
Reiswein ist nicht nur Getränk, sondern in der chinesischen Küche eine unentbehrliche Würzzutat für viele Speisen. Der aromatische Wein aus Klebreis, Hefe und Wasser darf nicht mit dem japanischen Sake verwechselt werden, der viel weicher im Geschmack ist. Ersatzweise kann man auch einen hochwertigen Sherry Amontillado nehmen.

Rote-Bohnen-Paste ⑨
In China nimmt man diese süße Paste vor allem für Süßspeisen. Sie besteht aus Adzukibohnen und Zucker.

Sambal Oelek ⑩
Die aus der indonesischen Küche vertraute, aber auch in China sehr oft verwendete Würzpaste, wird aus Chilischoten und Salz hergestellt. Die Paste gibt Saucen Schärfe und Geschmack.

Schwarze, fermentierte Bohnen ⑪
Diese Würzpaste entsteht durch Fermentation von Sojabohnen, Salz und Gewürzen. Die Bohnen sind auch als Schwarze-Bohnen-Sauce erhältlich.

Sichuanpfeffer ⑫
Es handelt sich hier um keinen Pfeffer, sondern um die getrockneten Blütenkapseln eines in Asien beheimateten Strauches. Sichuanpfeffer sieht wie sich öffnende Blütenknospen aus. Er hat ein feines Aroma und wird meist angeröstet, bevor er Gerichten zugegeben wird. Sichuanpfeffer kann man aber auch mahlen oder zerreiben.

Sojasauce ⑬
Ohne Sojasauce ist die chinesische Küche nicht denkbar. Die Würzsauce, ein Produkt aus Sojabohnen, Weizen oder Gerste, Salz und Zucker, das mit Schimmelpilzkulturen fermentiert wird, wird in unterschiedlichen Geschmacksrichtungen und Konsistenzen angeboten. So gibt es süßliche oder salzige Varianten, dickflüssige und stark färbende, die als „Lo Chau", dünnflüssige und helle, die als „Sang Chau" bezeichnet werden. Auch als „Ketjap Manis" (süß-pikant) und als „Ketjap Asin" (salzig) ist sie erhältlich.

Sternanis ⑭
Es handelt sich hier um die getrocknete Frucht des Sternanisbaumes, die aussieht wie eine Blüte. Sternanis schmeckt wesentlich kräftiger als Anis und wird vorwiegend für länger gegarte oder rotgeschmorte Fleischgerichte verwendet.

Süß-sauer-Sauce ⑮
Eine Würzmarinade aus Wasser, Zucker, Essig und kleingehackten Früchten, die in China für süßsaure Fischgerichte verwendet wird. Als Fertigprodukt heißt sie häufig Sweet-Sour-Sauce.

Vetsin (Glutamat) ⑯
Das weiße Mononatriumglutamat ist bei frischen Zutaten als Geschmacksverstärker entbehrlich und darf, da es ohnehin in vielen Fertigprodukten enthalten ist, allenfalls in sehr kleinen Mengen verwendet werden, da es bei empfindlichen Personen Unverträglichkeiten auslösen kann.

Wu-Fen (Fünf-Gewürze-Pulver) ⑰
Diese Gewürzmischung wird manchmal mit Chinagewürz verwechselt. Es ist aber eine Mischung aus Anis, Sternanis, Nelken, Fenchel und Zimt, hat eine olivgrüne Farbe und wird für Marinaden verwendet.

Essige und Öle

Chinaessig Ⓐ
Dieser dunkle Essig mit intensiv-pikantem Geschmack, wird aus Reiswein gewonnen und vorzugsweise für Dipsaucen verwendet.

Reisweinessig Ⓑ
Der glasklare Essig ist im Geschmack am ehesten mit einem milden Branntweinessig zu vergleichen und kann durch diesen ersetzt werden.

Sesamöl Ⓒ
Dieses Öl riecht und schmeckt intensiv nach gerösteten Sesamsamen, daher bitte nur sparsam verwenden. Leider verliert sich der Geschmack, wenn das Öl zu stark erhitzt wird. Es ist deshalb nicht zum Anbraten geeignet.

Sojaöl Ⓓ
Es ist ein geschmacksneutrales, sehr hoch erhitzbares Speiseöl und eignet sich daher sehr gut zum Anbraten und Fritieren.

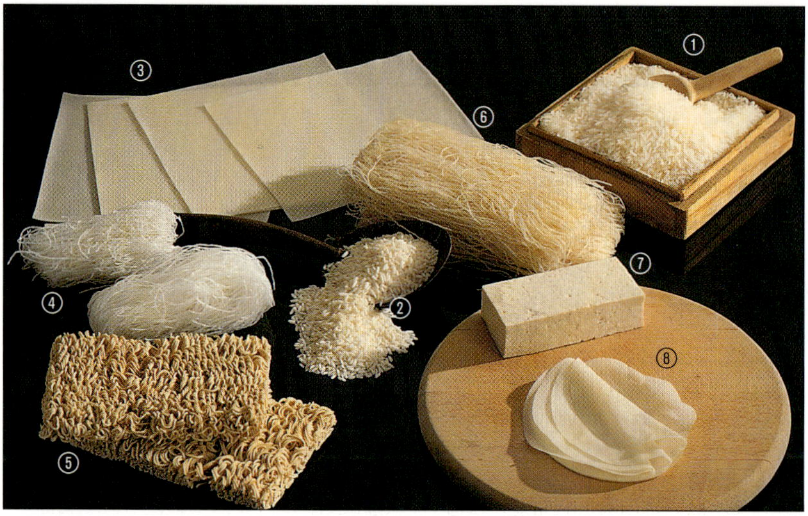

Reis, Teigwaren und Tofu

Duftreis ①
Es handelt sich um eine Reissorte, die nach dem Kochen leicht klebrig ist und wie der indische Basmatireis duftet. Dieser Reis paßt zu allen Gerichten.

Klebreis ②
Dieser Reis wird nach dem Kochen sehr klebrig und ist deshalb nur für Süßspeisen, Füllungen und Gebäck geeignet.

Teigblätter für Frühlingsrollen ③
Sie werden aus Wasser, Weizen- und Tapiokamehl hergestellt. Hier sollte man getrost auf Fertigprodukte zurückgreifen.

Glasnudeln ④
Diese Nudeln, auch „China-Fadennudeln" genannt, werden aus Mungbohnen gemacht. Sie sind transparent, und es gibt sie aufgerollt zu kaufen. Glasnudeln müssen eingeweicht und dann zurechtgeschnitten werden. Sie dienen oft als Suppeneinlage.

Mie-Nudeln ⑤
Diese Nudeln werden aus Weizenmehl hergestellt und vor allem in Nordchina verwendet. Hierzulande gibt es sie als Bandnudeln in unterschiedlichen Breiten oder als vorgegarte „Endlos-Sphagetti" (sogenannte Shanghai-Mie), die vor dem Kochen in kleinere Stücke gebrochen werden sollten.

Reisnudeln ⑥
Wasser, Reis- und Weizenmehl sind die Zutaten für die glasig-weiß aussehenden Reisnudeln. Diese müssen nur ganz kurz gekocht oder in heißem Öl fritiert werden.

Tofu ⑦
Tofu ist ein Quark aus Sojabohnen, relativ geschmacksneutral, aber sehr eiweißreich. Er wird frisch (natur, mariniert oder geräuchert) oder als Konserve angeboten. Bewahren Sie Tofu im Kühlschrank im Wasser auf. Dieses muß jedoch täglich gewechselt werden. Tofu läßt sich leicht verarbeiten, er wird häufig mariniert oder pikant gewürzt und dann anstelle von Fleisch oder Fisch Gerichten zugegeben.

Wan-Tan-Teig ⑧
Die Teigblätter werden aus Weizenmehl, Eiern und Wasser hergestellt. Es gibt sie auch bereits tiefgekühlt zu kaufen.

Chinesisch kochen leicht gemacht

Küchengeräte

Wok

Der Wok ist in ganz Asien das wichtigste Kochgerät und vielseitig verwendbar. Traditionsgemäß besteht diese halbrunde Pfanne in China noch immer vorwiegend aus Eisen, bei uns werden inzwischen jedoch Woks aus ganz unterschiedlichen Materialien und mit unterschiedlichen Beschichtungen angefertigt, wobei viele Modelle unseren Herdplatten angepaßt und am Boden abgeflacht sind. Die meisten Woks haben einen Durchmesser von 36 cm.

Der Wok ist für alle chinesischen Garmethoden geeignet: Man kann darin kochen, braten, dämpfen, fritieren und pfannenrühren. Ein weiterer Vorteil: Man spart Heizenergie, denn der Wok wird sehr schnell heiß und verteilt die Hitze gleichmäßig. Dabei erlaubt der hochgezogene Rand auch ein vorübergehendes Warmhalten, wenn weitere Zutaten in der heißen Mitte angebraten werden sollen.

Nicht alle bei uns verkauften Woks sind für die Zubereitung chinesischer Gerichte geeignet. So läßt sich in den meisten verchromten Edelstahlmodellen kein mariniertes Fleisch anbraten, es klebt an. Ist der Boden bei den für Elektroherde konstruierten Gußeisen- und Edelstahlwoks zu dick, speichert er die Hitze zu lange. Will man ein Nachgaren vermeiden, müssen die gegarten Zutaten deshalb sofort aus dem Wok genommen werden. Die häufig zu findenden Rechaudwoks eignen sich lediglich zum Warmhalten, aber nicht zum Garen. Die wenigsten von ihnen werden heiß genug, um ein schnelles Anbraten zu gewährleisten. Ausnahme sind die Rechauds, die einen Gasbrenner haben.

Nach meiner Erfahrung geht nichts über einen leichten Aluminiumwok mit Antihaftbeschichtung, der schnell heiß wird, aber genauso schnell abkühlt. Ihn gibt es auch in einer elektrisch beheizbaren und thermostatgesteuerten Version. Und die hat drei zusätzliche Vorteile: Die jeweils benötigte Garhitze läßt sich sehr genau regulieren. Der Wok ist nicht nur in der Küche einsetzbar. Und der Herd bleibt frei für die Zubereitung anderer Gerichte und Beilagen.

Wer keinen Wok besitzt, kann sich notdürftig mit einer sehr großen Pfanne auf kleiner Heizfläche behelfen. Man muß jedoch viel häufiger rühren.

Dämpfkorb

Die runden chinesischen Dämpfkörbe bestehen aus Bambusholz. Sie haben einen etwa 10 cm hohen Rand, einen Siebboden aus flachen Leisten und einen Deckel aus geflochtenen Streifen. In den Wok über kochendes Wasser gesetzt, ermöglichen sie ein vitaminschonendes Garen, bei dem der Geschmack der Lebensmittel erhalten bleibt. Um mehrere Portionen gleichzeitig zuzubereiten, können mehrere Dämpfkörbe übereinandergesetzt werden.

Chi-Go-Topf

Der Chi-Go-Topf, nach seiner Herkunftsregion auch Yunann-Topf genannt, ist ein rundes Tongefäß mit Deckel. Sein Boden ist in der Mitte zu einem Kamin geformt, der an der Spitze geöffnet ist. Setzt man den Chi-Go-Topf auf einen Topf mit kochendem Wasser, wird der heiße Dampf durch diesen Kamin in den Topf gelenkt. Auf diese Weise garen die dort eingelegten Lebensmittel ohne zusätzliches Fett besonders schonend, und die zugesetzten Gewürze können ihr Aroma intensiv entfalten. Die so entstandenen Gerichte serviert man in aller Regel direkt im Topf. Um größere Mengen zu garen, lassen sich mehrere Chi-Go-Töpfe (ähnlich wie die Dämpfkörbe) übereinandersetzen.
Wer keinen Chi-Go-Topf hat, kann die Zutaten in eine feuerfeste Schale geben und diese in einen großen, mit etwas Wasser gefüllten Schnellkochtopf stellen. Den Deckel des Schnellkochtopfs ohne Gummiring auflegen und den Topf nicht verschließen. So kann der Dampf entweichen. Diese Methode bringt jedoch nicht ganz dasselbe Ergebnis wie der Chi-Go-Topf.

Feuertopf

Der Feuertopf, auch Mongolentopf genannt, ist der Fonduetopf der Chinesen. Er besteht aus einem Metallkamin mit einem Rost, auf dem Holzkohle zum Glühen gebracht wird, und einem den Kamin umgebenden Schalenring, der mit einem Deckel geschlossen werden kann. Die vom Kamin ausgehende Hitze bringt Wasser oder Brühe, die sich in der Schale befindet, zum Kochen, so daß darin verschiedenste Zutaten in speziellen Drahtsiebchen gegart werden können. Dabei entsteht eine gehaltvolle Suppe, die ein solches Mahl artgerecht beschließt.

Küchenbeil

Das breitflächige Küchenbeil mit seiner scharfen Schneide ist in ganz Asien das Schneidegerät zum Zerkleinern aller Zutaten. Mit ihm läßt sich nämlich nicht nur hacken, sondern auch Fleisch und Fisch schnell zerteilen und präzise schneiden. Praktisch: Die breite Fläche kann als Fleischklopfer oder als Palette dienen.

Hackbrett

Weil die meisten Zutaten für chinesische Gerichte vor dem Garen zerkleinert werden müssen, ist ein Hackbrett oder ein chinesischer Hackklotz unentbehrlich.

Schöpfsieb

Das Schöpfsieb braucht man, um gegarte Zutaten aus dem Wok zu nehmen und gleichzeitig Fett oder Brühe abtropfen zu lassen.

Pfannenwender

Zum Pfannenrühren, der in Asien verbreitetsten Garmethode, braucht man einen Pfannenwender, bei Woks mit flachem Boden möglichst zwei. Für beschichtete Woks sollten die Wender aus Holz oder Plastik sein.

Eßstäbchen

Die Eßstäbchen sind auf unserer Erde das meistbenutzte Besteck. Besser als Gabel oder Löffel erlauben sie, die Geschmacksvielfalt chinesischer Gerichte zu erschmecken. Zutaten lassen sich einzeln ergreifen. Weil mit Stäbchen langsamer und gezielter gegessen wird, werden die Speisen in der Regel besser durchgekaut und damit auch leichter verdaut.
Übrigens: Die Chinesen verwenden die Stäbchen auch als Kochbesteck.

Schneidetechniken

Charakteristisch für die chinesische Küche sind die auf den Punkt gegarten Zutaten. Das Gemüse ist knackig, das Fleisch saftig und gar und alles gut und vielfältig gewürzt. Erreicht wird das durch sehr kurze Garzeiten bei möglichst hoher Temperatur. Deshalb müssen alle Zutaten vor dem Garen zerkleinert werden, und zwar jede für sich in möglichst gleichgroße Stücke. Nur dann können sie die Würzsaucen gleichmäßig aufnehmen und beim Servieren alle gleich gar sein. Sehr präzise arbeitet man dabei mit einem Küchenbeil.

Gemüse

Nur wenige Gemüsesorten wie der Blumenkohl können ihrer Wuchsform entsprechend in mundgerechte Stücke zerteilt werden. Die meisten Gemüsesorten müssen in Würfel, Scheiben oder Stifte geschnitten oder grobgehackt werden.
Chinakohl schneidet man zum Pfannenrühren in feine Streifen, zum Schmoren dagegen in größere Stücke. Schmort man Bambussprossen, schneidet man sie in Würfel, werden sie pfannengerührt, in dünne Scheiben oder Streifen. Das gilt auch für die meisten Wurzelgemüse. Größere Pilze schneidet man stets in feine Scheiben oder in Streifen.

Fleisch

Fleisch schneidet man für die allermeisten Gerichte klein, das heißt in sehr dünne Scheiben, in 1½ cm große Würfel oder in 1 cm dicke und 4 cm lange Streifen. So bleiben die Fleischstücke beim Garen zart und werden ebenso schnell gar wie das Gemüse. Rindfleisch sollte immer quer zur Faser geschnitten werden, Schweine- und Geflügelfleisch kann man dagegen auch parallel zur Faser in Stücke schneiden. Ein praktischer Tip: Legen Sie das Fleisch vor dem Schneiden etwas in den Gefrierschrank, es läßt sich dann schneller und präziser schneiden.

Fisch

Fisch, der nicht im Ganzen gegart und serviert werden soll, filetiert man in aller Regel und schneidet dann das Fischfleisch in fingerdicke Streifen oder große Würfel.

Garmethoden

Alle grundsätzlichen Garmethoden der chinesischen Küche sind uns bereits vertraut: Auch im Fernen Osten wird gekocht, gedünstet, gedämpft und gebraten. Allerdings verwenden die Chinesen dabei viel weniger Fett. Und sie bereiten Fleisch oder Fisch fast immer gemeinsam mit Gemüse zu. Diese letzte nennenswerte „Grundregel" bringt uns nun schon von der Theorie zur Praxis. Hier die wichtigsten Zubereitungsmethoden.

Pfannenrühren

Das Pfannenrühren oder Unter-Rühren-braten ist die typisch chinesische Gartechnik. Sie bewahrt den Eigengeschmack der einzelnen Zutaten, das Fleisch bleibt zart und das Gemüse knackig, die Vitamine werden geschont und die Zutaten nehmen die zugesetzten Aromen sehr intensiv auf. Das charakteristische dieser Garmethode: Hohe Temperaturen und kurze Garzeiten. Deshalb gilt es, schnell zu arbeiten und das dabei entstehende Gericht nicht aus den Augen zu lassen.
Das Prinzip des Pfannenrührens besteht darin, die einzelnen Zutaten nacheinander in der heißen Wokmitte kurz unter Rühren anzubraten und dann an den flachen Rand zu schieben. Hier ist der Wok kühler, die Zutaten bleiben warm, aber ein Nachgaren wird verhindert. Zum Schluß mischt man alle Zutaten und erhitzt alles noch einmal kurz.
Achten Sie beim Pfannenrühren jedoch auf die Menge, und braten Sie nie mehr als 150 g Fleisch an. Werden größere Portionen gebraucht, so sollte das Fleisch nacheinander in mehreren Teilen angebraten werden.
Weil sich bei Gaskochfeldern die Hitze sehr gut regulieren läßt, sind Gasherde für das Pfannenrühren am besten geeignet. Die Platten von Elektroherden speichern dagegen die Temperatur, und die Zutaten garen länger als gewünscht. Am besten arbeitet man bei Elektroherden mit zwei Platten, wobei auf einer bei hoher Hitze angebraten, auf der anderen nur warmgehalten wird, also eine ganz geringe Temperatur-Stufe eingestellt ist.

Fritieren

Fritiert wird in China im Wok. Zwei Methoden sind bekannt. Bei der ersten gibt man die Zutaten ins heiße Fett und fritiert sie, bis sie knusprig und durchgegart sind, bei der zweiten fritiert man die Zutaten nur ganz kurz vor und gart sie dann durch Pfannenrühren weiter. Die Technik nennt man dann „durchs Öl gehen" oder „doppelt braten". Anstelle des Woks kann natürlich auch eine Friteuse genommen werden. Benutzen Sie zum Fritieren ein gutes, hocherhitzbares Öl wie Sojaöl, und verwenden Sie es nicht zu häufig.

Dämpfen

Generell sind gedämpfte Gerichte zarter und feiner im Aroma als gebratene oder fritierte Speisen. Das gilt für alle Zutaten wie Fleisch, Geflügel, Gemüse (mit Ausnahme von Blattgemüse), Meeresfrüchte, besonders aber für Fisch.
Gedämpft wird in der Regel über kochendem Wasser im Wok. Die Zutaten legt man in ein Dämpfkörbchen, das zuvor mit Salat- oder Chinakohlblättern ausgelegt werden kann. Das sieht nicht nur hübsch aus, sondern verhindert auch, daß die Speisen ankleben. Das Dämpfkörbchen wird dann mit dem Deckel verschlossen und in den Wok gestellt, der 2 bis 3 cm hoch mit kochendem Wasser gefüllt ist.
Hat man keinen Dämpfkorb, legt man die Zutaten auf einen Teller. Nun wird eine feuerfeste Schüssel umgedreht in einen großen Kochtopf gestellt, der 2 Finger hoch mit kochendem Wasser gefüllt ist. Der Teller kommt auf die Schüssel, der Kochtopf wird geschlossen und die Speise gedämpft.
In China dämpft man nicht immer im Dämpfkörbchen, sondern auch auf einem feuerfesten Teller oder in einer Schüssel, die auf ein sogenanntes Dämpfkreuz im Wok gestellt wird. Diese Methode ist dann bevorzugt, wenn man den austretenden Saft der Zutaten mitverwenden will.

Schmoren

Geschmort werden hauptsächlich größere Fleischteile. Diese köcheln bei geringer Hitzezufuhr so lange in einem Würzsud, bis die Flüssigkeit so stark eingedickt ist, daß sie am Fleisch haften bleibt und einen glänzenden Überzug erzeugt.

Reis kochen

Zu chinesischen Gerichten wird in der Regel Reis als Beilage gereicht. Hier sollte man auf Naturreis verzichten. Der typisch chinesische Reis ist weiß, weich und leicht klebrig.
Ist kein asiatischer Reis im Haus, kann Milchreis (also Rundkornreis) diese Bedingung annähernd erfüllen.
Chinesen bevorzugen allenfalls bei festlichen Essen der Optik wegen ganze Reiskörner. Ihr normales „tägliches Brot" ist simpler Bruchreis, weil der am besten klebt. Wird Reis jedoch zu Fleisch-, Fisch- oder Gemüsegerichten serviert, sorgt **Duftreis** für die optimale Geschmacksabrundung. Auf keinen Fall geeignet ist asiatischer Klebreis, denn der wird beim Kochen gallertartig und desahlb vorwiegend für Süßspeisen verwendet.
Im Gegensatz zu normalem Reis wird Duftreis in ungesalzenem Wasser gekocht, um sein Eigenaroma voll entfalten zu können.
Für die benötigte Reismenge gibt es eine Faustformel: Man kocht pro Gast und Gericht, zu dem Reis gereicht werden soll, eine Handvoll (etwa 30 g) rohen Reis. Für vier Personen genügen also ungefähr 125 g.
Das jeweilige Reisgewicht mit 2,5 multipliziert, ergibt die erforderliche Wassermenge, in unserem Beispiel also rund 300 ml.
Dieses Wasser wird nun in einem Topf zum Kochen gebracht und dann erst der rohe Reis zugegeben. Das Wasser sollte höchstens 1 1/2 cm über dem Reis stehen.
Nun läßt man den Reis bei zugedecktem Topf einmal aufkochen und danach etwa 10 Minuten auf kleiner Flamme köcheln, bis kein Wasser mehr zu sehen ist. Dann wird der Herd ausgeschaltet und der Reis im Topf einmal aufgeschüttelt, um nicht festzuliegen. Danach sollte der Reis mindestens weitere 10 Minuten abgedeckt im heißen Topf nachgaren.
Reisreste lassen sich in einem geschlossenen Behälter einige Tage im Kühlschrank aufbewahren, bei Bedarf erhitzt man sie mit etwas Wasser bei geringer Hitzezufuhr.

Hinweise zu den Rezepten

- Von höchster Wichtigkeit, und auch viel zeitraubender als das Kochen selbst, ist die Vorbereitung der Zutaten. Sie werden alle wie beschrieben geschnitten und in kleinen Schälchen bereitgestellt. Auch alle Küchengeräte sollte man vorher bereitlegen. Wer während des Garens anfängt, Lebensmittel zu schneiden oder Küchengeräte zu suchen, riskiert, daß das Gericht verkocht.
- Fleisch, das nicht mariniert wird, sollte nach dem Kleinschneiden mindestens 10 Minuten liegen, damit es etwas antrocknen kann und beim Garen saftiger bleibt.
- Chinesische Gerichte werden während des Garens gewürzt. So ziehen die Aromen und Gewürze gut in die Zutaten ein. Ein Nachwürzen ist nicht notwendig.
- Ist das Gericht gar, sollte es sofort aufgetragen werden, damit es nichts von seinem Geschmack einbüßt.
- Die zu jedem Rezept angegebene Zubereitungszeit beinhaltet die Vorbereitungszeit und die Garzeit. Es handelt sich hierbei um Erfahrungswerte. Zusätzlich werden Marinierzeiten, Quellzeiten etc. ausgewiesen.
- Die Mengenangaben von Obst und Gemüse beziehen sich auf die ungeputzte Rohware.
- Bei einigen Rezepten sind besondere Küchengeräte ausgewiesen, wie der Chi-Go-Topf oder Dämpfkörbchen. Ist nichts extra angegeben, nehmen Sie den Wok.
- Bei manchen Gerichten müssen bereits gegarte Zutaten warmgehalten werden. Geben Sie diese in einen Topf oder einen zweiten Wok und halten Sie sie bei ganz geringer Hitze auf dem Herd oder einem Rechaud warm.
- Für viele chinesische Gerichte benötigen Sie Hühnerbrühe. Hier können Sie auf ein salzarmes und glutamatfreies Trockenprodukt zurückgreifen oder einen Geflügelfond aus dem Glas nehmen. Noch besser ist es allerdings, die Brühe selber zu kochen. Wie dies gemacht wird, entnehmen Sie bitte den Suppenrezepten (siehe Seite 80 ff.), die als Basis immer eine Hühnerbrühe haben.
- Sojasauce wird in sehr vielen Rezepten verwendet. Meist ist hier eine spezielle Sojasauce (süß/salzig, hell/dunkel) angegeben. Ist dies nicht der Fall, dann nehmen Sie die Sojasauce, die Ihnen am meisten zusagt.

Abkürzungsverzeichnis:
TL = Teelöffel
EL = Eßlöffel
Msp. = Messerspitze
g = Gramm (1000 g = 1 kg)
kg = Kilogramm
ml = Milliliter (1000 ml = 1l)
l = Liter
cm = Zentimeter
ca. = zirka
°C = Grad Celsius

Fleischgerichte

Fleisch ist nur selten der einzige Bestandteil chinesischer Gerichte, dafür aber ein gern genutztes Kombinationselement. Am beliebtesten ist Schweinefleisch, denn in den Naturgärten aller Provinzen Chinas wächst fast nichts, wozu es nicht passen würde. Seltener kommen Rind- und Lammfleisch auf den Tisch.

Tian La Zhi Zhu Rou
(aus Guangdong)

Schweinefleisch mit süß-scharfer Sauce

Zubereitungszeit: ca. 1 Stunde

Sie benötigen für 4 Portionen:

500 g Schweineschnitzelfleisch

Für die Marinade:

3 EL Sojasauce Ketjap Manis
3 EL Reiswein
oder Sherry Amontillado
2 TL Zucker
1/4 TL frisch gemahlener
schwarzer Pfeffer

Für die Sauce:

3 Tomaten
1 grüne Paprikaschote
8 Lychees
2 Scheiben frische Ananas
(1 cm dick)
20 g frischen Ingwer
2 EL Sojaöl
100 g Zucker
1/8 l Weinessig
5 EL Sojasauce Ketjap Manis
3 EL Maisstärke
2 EL Chilisauce
1/2 TL frisch gemahlenen
schwarzen Pfeffer
1 Msp. Salz

Für den Teig:

100 g Mehl
1 Ei
1/4 TL Salz

Außerdem:

Sojaöl zum Braten und Fritieren

So wird's gemacht:

1. Das Fleisch in 2 cm große Würfel schneiden. Die Zutaten für die Marinade verrühren und das Fleisch darin 1/2 Stunde ziehen lassen.

2. In der Zwischenzeit für die Sauce die Tomaten mit heißem Wasser überbrühen, enthäuten, die Stielansätze herausschneiden. Die Tomaten halbieren, entkernen und kleinschneiden. Die Paprikaschote putzen, waschen und fein würfeln. Die Lychees und die Ananas schälen und in kleine Würfel schneiden. Den Ingwer schälen und fein hacken.

3. Das Sojaöl in einem großen Topf erhitzen, darin zuerst den Ingwer und dann das Gemüse kurz unter Rühren braten.

4. Das Obst, den Zucker, den Essig, die Sojasauce und 200 ml Wasser dazugeben, alles kurz aufkochen und noch 5 Minuten weiterköcheln lassen.

5. Die Stärke mit 50 ml Wasser verrühren.

6. Die Sauce mit Chilisauce, Pfeffer und Salz süß-scharf abschmecken. Die angerührte Stärke dazugeben, die Sauce nochmals kurz aufkochen lassen und warm stellen.

7. Das Mehl, das Ei, das Salz und 1/4 l Wasser zu einem glatten Teig verrühren.

8. Das Fleisch aus der Marinade nehmen, gut abtropfen lassen und im Teig wenden.

9. Reichlich Öl im Wok oder in der Friteuse erhitzen, dann die Fleischstücke portionsweise darin ausbacken.

10. Die Fleischstücke kurz vor dem Servieren mit der heißen Sauce überziehen oder Fleisch und Sauce getrennt servieren.
(auf dem Foto: oben)

Tip

Die restliche Marinade hält sich im Kühlschrank etwa 10 Tage lang.

La Chao Zhu Li Gi (aus Beijing)

Scharfgebratenes Schweinefilet

Zubereitungszeit: ca. 1/2 Stunde
Marinierzeit: ca. 1 Stunde

Sie benötigen für 4 Portionen:

400 g Schweinefilet

Für die Marinade:

10 g frischen Ingwer
2 Knoblauchzehen
3 EL helle Sojasauce
2 EL Reiswein
1/2 TL grob gemahlenen schwarzen Pfeffer
1 EL Honig

Außerdem:

1 grüne Paprikaschote
2 rote Gemüsepeperoni
250 g frische Mungbohnenkeime
2 EL Sojaöl
1 EL Sesamöl, 1 Msp. Salz

So wird's gemacht:

1. Das Fleisch in dünne Streifen schneiden.

2. Für die Marinade den Ingwer und den Knoblauch schälen und fein hacken. Beides mit der Sojasauce, dem Reiswein, dem Pfeffer und dem Honig mischen. Das Fleisch in der Marinade etwa 1 Stunde ziehen lassen.

3. Die Paprikaschote und die Gemüsepeperoni waschen, putzen und in feine Streifchen schneiden. Die Mungbohnenkeime waschen und abtropfen lassen.

4. Das Öl stark erhitzen. Das Fleisch darin scharf anbraten, dann Paprikaschote und Peperoni dazugeben, alles 1 Minute pfannenrühren, dann die Mungbohnenkeime daruntermischen. Alles mit Sesamöl und Salz abschmecken, und heiß auf einer vorgewärmten Platte servieren.

(auf dem Foto: unten)

Long Huo (aus Sichuan)

Drachenfeuer

Zubereitungszeit: ca. 1 Stunde

Sie benötigen für 4 Portionen:

500 g Schweinenackenfleisch
2 Zwiebeln
je 2 rote und grüne Paprikaschoten
200 g Schalotten
1 mittelgroße Ananas (ca. 500 g)
250 g kleine Champignons
2 EL Sojaöl
150 ml Hühnerbrühe
4 TL Tomatenmark
5 EL Chilisauce
2 TL Rosenpaprika
½ TL Chilipulver
1 TL Chinagewürz
1 TL Tabasco
100 ml Reiswein
oder Sherry Amontillado

So wird's gemacht:

1. Das Fleisch in 1½ cm große Würfel schneiden. Die Zwiebeln schälen und grob hacken.

2. Die Paprikaschoten waschen, putzen, vierteln und quer in schmale Streifen schneiden. Die Schalotten schälen.

3. Die Ananas schälen, vierteln, vom harten Strunk befreien und das Ananasfleisch in Stückchen schneiden. Die Champignons putzen und waschen.

4. Das Öl erhitzen und die Fleischwürfel darin anbraten. Die grobgehackten Zwiebeln und die Paprikastreifen dazugeben und mitbraten.

5. Nacheinander die Pilze, die Schalotten und die Ananas dazugeben, alles mit der Brühe ablöschen und das Tomatenmark darunterrühren. Die Sauce mit Chilisauce, Rosenpaprika, Chilipulver, Chinagewürz und Tabasco würzen.

6. Das Ragout bei geringer Hitzezufuhr etwa ¾ Stunden zugedeckt köcheln lassen, dabei öfter umrühren. Zum Schluß alles mit dem Reiswein oder dem Sherry abschmecken und heiß servieren.

Tip

Wer es weniger scharf mag, kann die Menge der Chilisauce und des Chilipulvers reduzieren.

Tang Cu Zhu Sun Zhu Rou (aus Guangdong)

Bambusfleisch süß-sauer

Zubereitungszeit: ca. 50 Minuten

Sie benötigen für 4 Portionen:

20 Mu-Err-Pilze
1 Dose Bambussprossen (580 ml)
4 mittelgroße Stangen Lauch
600 g Schweineschnitzelfleisch
4 EL Sojaöl
2 TL Chinagewürz
8 EL China-Essig
1 Prise Salz
1/4 TL frisch gemahlenen schwarzen Pfeffer
4 EL Zucker
8 EL Sojasauce Ketjap Manis
200 ml Hühnerbrühe
2 EL Maisstärke

So wird's gemacht:

1. Die Pilze in reichlich Wasser aufkochen und dann 10 Minuten köcheln lassen. Das Wasser abgießen und die Pilze in 1/2 cm breite Streifen schneiden.

2. Die Bambussprossen abtropfen lassen und in schmale Streifen schneiden.

3. Den Lauch putzen, waschen und in Streifen schneiden. Das Fleisch ebenfalls in feine Streifen schneiden.

4. Etwa 2 EL Öl in einem Wok erhitzen, das Fleisch darin anbraten, mit Chinagewürz abschmecken und aus der Pfanne nehmen.

5. Im restlichen Öl die Bambussprossen, den Lauch und die Pilze andünsten. Alles mit Essig, Salz, Pfeffer, Zucker und Sojasauce süß-sauer abschmecken. Die Hühnerbrühe dazugießen.

6. Das Gemüse etwa 2 Minuten pfannenrühren. Das Fleisch dazugeben. Die Stärke mit etwas Wasser verrühren, zur Sauce geben und alles kurz aufkochen lassen.

7. Das Gericht heiß servieren.

Tip

Wer keine gebundenen Saucen mag, kann die Speisestärke weglassen.

Yun Nan Sha Guo Zhu Rou (aus Yunnan)

Schweinefleischwürfel im Chi-Go-Topf

Zubereitungszeit: ca. 70 Minuten
Marinierzeit: ca. 1 Stunde
Spezielles Küchengerät:
Chi-Go-Topf

Sie benötigen für 4 Portionen:

300 g Schweineschnitzelfleisch

Für die Marinade:

10 g frischen Ingwer
2 Knoblauchzehen
5 EL Sojasauce Ketjap Manis
5 EL Reiswein
oder Sherry Amontillado
1 EL Zucker

Außerdem:

1 mittelgroße Stange Lauch
3 Frühlingszwiebeln
250 g frische Mungbohnenkeime
2 TL Chinagewürz

So wird's gemacht:

1. Das Schweinefleisch in 2 cm große Würfel schneiden. Den Ingwer und den Knoblauch schälen, fein hacken und mit der Sojasauce, dem Reiswein oder dem Sherry und dem Zucker gut verrühren.

2. Das Fleisch mit dieser Marinade überziehen und darin unter mehrmaligem Wenden etwa 1 Stunde ziehen lassen.

3. Den Lauch und die Frühlingszwiebeln putzen, in dünne Ringe schneiden und mit den gewaschenen Mungbohnenkeimen mischen.

4. Das Fleisch mit der Marinade und das Gemüse abwechselnd in den Chi-Go-Topf schichten. Mit einer Fleischschicht beginnen und mit einer Gemüseschicht aufhören. Jede Lage mit Chinagewürz bestreuen.

5. Das Fleisch und das Gemüse im Chi-Go-Topf über kochendem Wasser etwa 1 Stunde dämpfen und anschließend im Chi-Go-Topf servieren.

(auf dem Foto: links)

Hong Shao Rou Gu (aus Fujian)

Rotgeschmortes Schweinefleisch mit Pilzen

Zubereitungszeit: ca. 1/2 Stunde

Sie benötigen für 4 Portionen:

500 g Schweineschnitzelfleisch
500 g kleine Champignons
4 EL Sojaöl
2 EL Sesamöl
5 EL Reiswein
oder Sherry Amontillado
2 TL Zucker
1/2 TL Salz
6 EL Sojasauce Ketjap Manis

So wird's gemacht:

1. Das Fleisch in 2 cm große Würfel schneiden. Die Pilze waschen, die Stiele abschneiden.
2. Das Sojaöl stark erhitzen und die Fleischwürfel darin anbraten. Das Sesamöl dazugeben und das Fleisch kurze Zeit weiterbraten.
3. Den Reiswein oder den Sherry, den Zucker und das Salz zum Fleisch geben und es unter häufigem Wenden weiterbraten, bis der Reiswein oder der Sherry eingezogen ist. Die Sojasauce hinzugeben und das Fleisch weiterbraten, bis es die Sojasauce restlos aufgesogen hat.
4. Die Pilze zu dem Fleisch geben und unter Rühren 5 Minuten mitgaren. Das Fleisch und die Pilze heiß servieren.
(auf dem Foto: Mitte)

Wu Xiang Pai Gu (aus Fujian)

Rippchen mit fünferlei Gewürzen

Zubereitungszeit: ca. 50 Minuten
Marinierzeit: mindestens 1 Stunde

Sie benötigen für 4 Portionen:

1 kg Schälrippchen

Für die Marinade:

1 TL Salz
1 EL Zucker
2 EL Reiswein
2 EL Sojasauce Ketjap Manis
1 TL Wu-Fen (Fünf-Gewürze-Pulver)
1 EL Hoisinsauce

So wird's gemacht:

1. Das Fleisch zwischen den einzelnen Rippen durchschneiden.
2. Die Zutaten für die Marinade verrühren. Die Rippenstücke damit einpinseln und sie mindestens 1 Stunde marinieren lassen.
3. Den Backofen auf 200°C vorheizen. Die Rippchen in eine feuerfeste Schale legen und etwa 3/4 Stunden im Backofen garen, zwischendurch die Rippchen wenden.
(auf dem Foto: rechts)

Tip

Wer den typisch chinesischen Geschmack nicht so intensiv mag, kann die Rippchen auch unter mehrmaligem Wenden 15 bis 20 Minuten grillen.

Zheng Rou Wan (aus Guangdong)

Gedämpfte Fleischbällchen

Zubereitungszeit: ca. 55 Minuten
Spezielles Küchengerät: Dämpfkörbchen

Sie benötigen für 4 Portionen:

Für die Bällchen:

- 50 g Duftreis
- 2 Knoblauchzehen
- 1 Zwiebel
- 1 Ingwernuß in Sirup
- 1 rote Paprikaschote
- 1 grüne Paprikaschote
- 1 Bund Schnittlauch
- 600 g Schweinemett
- 1 Ei
- 1 TL Curry
- 1 TL Rosenpaprika
- 1 Prise gemahlenen Sichuanpfeffer
- 1 Msp. Vetsin
- 3 EL Maisstärke
- Salz

Für die Sauce:

- 6 EL Chinaessig
- 6 EL Sojasauce Ketjap Manis
- 1/2 TL Cayennepfeffer

So wird's gemacht:

1. Den Reis in etwa 150 ml Wasser aufkochen und anschließend bei geringer Hitzezufuhr ausquellen lassen.
2. Die Knoblauchzehen und die Zwiebel schälen, Knoblauch, Zwiebel und Ingwer fein hacken. Die Paprikaschoten waschen, putzen und in keine Würfel schneiden. Den Schnittlauch waschen und in feine Röllchen schneiden.
3. Das Schweinemett mit dem Ei, den Gewürzen und der Stärke gut mischen. Den Reis und das Gemüse daruntermischen.
4. Aus dieser Masse mit nassen Händen 3 cm große Bällchen formen. Einige Dämpfkörbchen mit Pergamentpapier auslegen. Die Bällchen hineinlegen und über Salzwasser 20 bis 25 Minuten dämpfen.
5. In der Zwischenzeit die angegebenen Saucenzutaten verrühren.
6. Die Fleischbällchen heiß servieren, die Sauce getrennt dazu reichen.
(auf dem Foto: links)

Tip

Zu den Fleischbällchen können Sie auch eine Süß-sauer-Sauce oder eine Chilisauce (beides Fertigprodukte) servieren.

Rou Mo Dou Fu (aus Beijing)

Tofu mit Hackfleisch

Zubereitungszeit: ca. 1/2 Stunde

Sie benötigen für 4 Portionen:

- 2 mittelgroße Stangen Lauch
- 400 g gemischtes Hackfleisch
- 250 g frischen Tofu
- 250 g Champignons
- 3 EL Sojaöl
- 5 EL Sojasauce Ketjap Manis
- 4 TL Paprikapulver, mild

So wird's gemacht:

1. Den Lauch putzen, waschen und die Stangen schräg in 5 mm dicke Ringe schneiden. Die Champignons mit einem feuchten Küchentuch abreiben, die Stielenden abschneiden und die Pilze in dünne Scheiben schneiden.
2. Den Tofu in 5 mm dicke Scheiben und dann in 5 mm dicke Streifen schneiden.
3. Das Öl im Wok erhitzen und den Lauch darin kurz anbraten. Das Hackfleisch dazugeben und so lange unter Rühren braten, bis es kroß ist.
4. Nun den Tofu und die Champignons hinzufügen und heiß werden lassen.
5. Alles mit Sojasauce und Paprikapulver pikant abschmecken und heiß servieren.
(auf dem Foto: Mitte)

Zhen Zhu Rou Wan (aus Hunan)

Gedämpfte Perlenbällchen

Zubereitungszeit: ca. 1 Stunde
Spezielles Küchengerät: Dämpfkörbchen

Sie benötigen für 4 Portionen:

Für die Bällchen:
200 g Milchreis
6 Mu-Err-Pilze
5 g frischen Ingwer
1 Zwiebel
6 Wasserkastanien (aus der Dose)
750 g gemischtes Hackfleisch
1 Ei
3 EL Sojasauce Ketjap Manis
$^1/_4$ TL Salz
$^1/_2$ TL Zucker

Für die Sauce:
50 ml Weinessig
50 ml Sojasauce Ketjap Manis

So wird's gemacht:

1. Den Reis etwa 15 Minuten in Wasser weichen lassen, das Wasser dann abgießen und den Reis auf einem Küchentuch zum Trocknen ausbreiten.
2. Die Pilze in reichlich kaltes Wasser geben und sie dann etwa 5 Minuten köcheln lassen. Das Wasser abgießen und die Pilze in ganz feine Streifen schneiden.
3. Den Ingwer und die Zwiebel schälen und ebenso wie die Wasserkastanien fein hacken.
4. Das Hackfleisch mit dem Ei, den Pilzen, dem Ingwer, den Wasserkastanien und den Zwiebeln gut mischen und mit Sojasauce, Salz und Zucker pikant abschmecken.
5. Aus der Fleischmasse 3 cm große Bällchen formen und diese unter leichtem Druck in dem Reis wälzen, so daß die Körner haften bleiben.
6. Einige Dämpfkörbchen mit Pergamentpapier auslegen. Die Hackfleischbällchen hineinlegen und etwa $^1/_2$ Stunde über siedendem Wasser dämpfen.
7. Den Essig und die Sojasauce verrühren und als Würztunke zu den Bällchen reichen.
(auf dem Foto: rechts)

Long Wei (aus Sichuan)

Drachenschwänzchen

Zubereitungszeit: ca. 40 Minuten

Sie benötigen für 4 Portionen:

Für die Peperoni:
300 g Gemüsepeperoni
1 Frühlingszwiebel
10 g frischen Ingwer
6 Wasserkastanien (aus der Dose)
1 Eiweiß
1 dünne Scheibe rohen Schinken
250 g Schweinemett
2 EL Reiswein
oder Sherry Amontillado
3 EL Sojasauce Ketjap Manis
1/4 TL Zucker
1 Msp. Pfeffer
1 EL Maisstärke

Für die Sauce:
6 EL Sojasauce Ketjap Manis
6 EL Weinessig
1 Msp. Pfeffer
2 EL Ketchup

Außerdem:
100 g Schweineschmalz

So wird's gemacht:

1. Die Peperoni waschen, der Länge nach bis zu den Stielen aufschneiden (die Stiele nicht durchschneiden) und die Kerngehäuse heraustrennen. Die Frühlingszwiebel und den Ingwer putzen und ebenso wie die Wasserkastanien sehr fein hacken.

2. Das Eiweiß steifschlagen. Den Schinken sehr fein würfeln.

3. Das Schweinemett mit dem Reiswein oder dem Sherry, der Sojasauce, dem Zucker und dem Pfeffer würzen. Den Schinken, die Frühlingszwiebeln, den Ingwer und die Stärke daruntermischen. Das Eiweiß darunterziehen.

4. Die Schweinemettmasse in die Peperoni füllen. Die Saucenzutaten verrühren.

5. Das Schmalz erhitzen und die Peperoni darin von allen Seiten 8 Minuten braten.

6. Die Peperoni heiß servieren, die Würzsauce getrennt dazu anbieten.

(auf dem Foto: unten links)

Huang Gua Se La (aus Beijing)

Gurkensalat mit Schweinehackfleisch

Zubereitungszeit: ca. 20 Minuten

Sie benötigen für 4 Portionen:

1 Salatgurke
1 Knoblauchzehe
1 EL Sojaöl
250 g Schweinehackfleisch
3 EL Sojasauce Ketjap Manis
3 EL Reisweinessig

So wird's gemacht:

1. Die Gurke gut waschen und ungeschält erst in 3 mm dicke Scheiben und danach in dünne Stifte schneiden. Die Knoblauchzehe schälen und recht klein schneiden.

2. Das Öl erhitzen. Den Knoblauch kurz darin anbraten. Das Hackfleisch dazugeben und bei starker Hitzezufuhr unter Rühren kroß braten. Alles mit Sojasauce kräftig abschmecken.

3. Die Gurken im Essig wenden, auf einer Salatplatte ausbreiten und das heiße Hackfleisch darübergeben. Das Ganze sofort servieren.

(auf dem Foto: oben)

Ji Dan Jiao (aus Sichuan)

Eierecken

Zubereitungszeit: ca. 3/4 Stunden

Sie benötigen für 4 Portionen:

250 g gemischtes Hackfleisch
4 EL Sojasauce Ketjap Manis
1/2 TL Zucker
1/2 TL Salz
1 Msp. Vetsin
1/2 mittelgroße Stange Lauch
4 Eier
3 EL Sojaöl

So wird's gemacht:

1. Das Hackfleisch mit der Sojasauce, dem Zucker sowie etwas Salz und sehr wenig Vetsin gut mischen.

2. Den Lauch putzen, waschen, in sehr feine Ringe schneiden und unter das Hackfleisch geben. Die Eier aufschlagen, mit etwas Salz und Vetsin verquirlen.

3. Das Hackfleisch in wenig Öl anbraten, danach etwas abkühlen lassen.

4. Das restliche Öl erhitzen. Jeweils einen Eßlöffel der Eimasse in das Öl geben, rund verstreichen und kurz anbraten. Je 1 Teelöffel Hackfleischmasse auf die rechte Hälfte jedes Eiflädchens geben, die linken Hälften darüberklappen und die Ränder leicht zusammendrücken.

5. Die Eierecken kurz weiterbraten, dann warm stellen, bis alle Eierecken gebraten sind.

(auf dem Foto: unten rechts)

Tip

Bleiben Reste übrig? Kein Problem. Lassen Sie die Eierecken in Hühnerbrühe langsam heiß werden, geben Sie etwas Frühlingszwiebelgrün dazu und fertig ist eine köstliche chinesische Suppe.

Niu Yan (aus Beijing)

Rindfleisch mit Lauch und Zwiebeln

Zubereitungszeit: ca. 3/4 Stunden
Marinierzeit: ca. 12 Stunden

Sie benötigen für 4 Portionen:

250 g Rinderfilet

Für die Marinade:

2 große Knoblauchzehen
3 EL Sojasauce Ketjap Manis
2 EL Essig
1/2 TL Salz
1/2 TL Zucker
1/2 TL frisch gemahlenen schwarzen Pfeffer
1/2 TL Sambal Oelek

Außerdem:

250 g Zwiebeln
2 mittelgroße Stangen Lauch
2 EL Sojaöl

So wird's gemacht:

1. Das Fleisch in feine Streifen schneiden. Den Knoblauch schälen und kleinhacken.
2. Den Knoblauch, die Sojasauce, den Essig, das Salz, den Zucker, den Pfeffer und das Sambal Oelek zu einer Marinade verrühren und sie über das Fleisch geben. Das Rindfleisch darin mindestens 12 Stunden marinieren lassen. Dabei mehrmals wenden.
3. Die Zwiebeln schälen und in dünne Scheiben schneiden. Den Lauch putzen, waschen und in 1 cm breite Stücke schneiden.
4. Die Marinade vom Fleisch abgießen. Das Öl stark erhitzen und das Fleisch darin gut anbraten.
5. Die Zwiebeln und den Lauch dazugeben, kurze Zeit unter Rühren mitbraten. Das Gericht heiß servieren.
(auf dem Foto: unten)

Ga Li Niu Rou Pian (aus Yunnan)

Rindfleischscheiben mit Curry

Zubereitungszeit: ca. 1/2 Stunde
Marinierzeit: ca. 1 Stunde

Sie benötigen für 4 Portionen:

250 g Rinderfilet

Für die Marinade:

1 EL helle Sojasauce
1/2 EL Maisstärke
1 TL Zucker, 1 EL Sojaöl

Außerdem:

500 g Kartoffeln, 250 g Karotten
2 Zwiebeln
5 EL Sojaöl
1 1/2 EL Curry
1 TL Salz
1 TL Zucker

So wird's gemacht:

1. Das Fleisch in 3 cm dicke Scheiben schneiden. Die Sojasauce, die Stärke, den Zucker, das Öl und 1 Eßlöffel Wasser verrühren. Die Fleischscheiben mit dieser Marinade mischen und ungefähr 1 Stunde ziehen lassen.
2. In der Zwischenzeit die Kartoffeln und die Karotten waschen, schälen und in dünne Streifen schneiden. Die Zwiebeln schälen und fein würfeln.
3. Etwa 3 Eßlöffel Öl erhitzen. Die Zwiebeln darin anbraten und mit dem Currypulver bestreuen.
4. Die Karotten und die Kartoffeln dazugeben und etwa 1/2 Minute pfannenrühren. Alles mit 1/4 l kaltem Wasser ablöschen, mit Salz und Zucker würzen und zugedeckt 10 Minuten köcheln lassen.
5. Die Fleischscheiben aus der Marinade nehmen und abtropfen lassen. Das restliche Sojaöl stark erhitzen. Das Fleisch kurz darin braten, dann unter das Gemüse mischen.
(auf dem Foto: oben)

Yang Cong Niu Rou (aus Sichuan)

Rindfleisch mit Zwiebeln und Chili

Zubereitungszeit: ca. 1 Stunde
Marinierzeit: ca. 1/2 Stunde

Sie benötigen für 4 Portionen:

400 g Rinderfilet
2 EL Reiswein
2 EL dunkle Sojasauce
1 Eiweiß
1 EL Maisstärke
2 große Zwiebeln
2 Frühlingszwiebeln
3 Chilischoten
1 Knoblauchzehe
10 g frischen Ingwer
4 EL Erdnußöl

Für die Sauce:

4 EL helle Sojasauce
2 EL Hoisinsauce
2 EL Reiswein
oder Sherry Amontillado
1/4 TL frisch gemahlenen schwarzen Pfeffer
1/2 TL Sambal Oelek
1 EL Maisstärke

So wird's gemacht:

1. Das Fleisch in dünne Scheibchen schneiden und mit dem Reiswein, der dunklen Sojasauce und dem Eiweiß gut mischen. Die Stärke darüberstäuben, alles nochmals gut mischen und etwa 1/2 Stunde marinieren lassen.

2. Die Zwiebeln schälen, halbieren und in dünne Scheiben schneiden. Die Frühlingszwiebeln putzen, waschen, schräg in 2 cm große Stücke schneiden.

3. Die Chilischoten waschen, putzen und in dünne Ringe schneiden. Den Knoblauch und den Ingwer schälen und fein hacken.

4. Etwa 3 Eßlöffel Erdnußöl erhitzen, das Fleisch darin gut anbraten, dann herausnehmen und warm stellen.

5. Für die Sauce die helle Sojasauce, die Hoisinsauce, den Reiswein oder den Sherry, den Pfeffer, das Sambal Oelek und die Stärke mischen.

6. Das restliche Erdnußöl erhitzen, die Zwiebeln darin anbraten, dann nacheinander die Frühlingszwiebeln, den Knoblauch, den Ingwer und die Chilischoten pfannenrühren.

7. Die Sauce darunterziehen, sie einmal aufkochen lassen, dann das Fleisch darunterheben. Alles nochmals erhitzen und auf einer Platte servieren.

Si Chuan Zha Cai Niu Rou (aus Sichuan)

Rindfleisch mit Sichuangemüse

Zubereitungszeit: ca. 1/2 Stunde
Marinierzeit: ca. 1 Stunde

Sie benötigen für 4 Portionen:

500 g Rinderfilet

Für die Marinade:

10 g frischen Ingwer
2 Knoblauchzehen
2 EL Sojasauce Ketjap Asin
2 EL Reiswein
1 EL braunen Zucker

Außerdem:

100 g Sichuangemüse (aus der Dose)
2 EL Sojaöl
1 EL Sesamöl

So wird's gemacht:

1. Das Fleisch in dünne Streifen schneiden.
2. Für die Marinade den Ingwer und die Knoblauchzehen schälen und fein hacken. Sie dann mit der Sojasauce, dem Reiswein und dem Zucker mischen. Das Fleisch in der Marinade wenden und etwa 1 Stunde ziehen lassen.
3. Das Sichuangemüse gut abwaschen und in feine Streifchen schneiden.
4. Das Fleisch aus der Marinade nehmen und abtropfen lassen.
5. Das Sojaöl stark erhitzen, das Fleisch darin anbraten, dann herausnehmen und warm stellen.
6. Das Sesamöl erhitzen, das Gemüse darin pfannenrühren, dann das Fleisch dazugeben und unter Wenden nochmals stark erhitzen. Das Ganze auf einer vorgewärmten Platte sofort servieren.

IMPORTED
XING RICE WINE

Geflügelgerichte

Geflügel wird im Reich der Mitte hochgeschätzt. Allein die Vielzahl der verschiedenen Rezepte, die ein Huhn im Wok vorsehen, macht das deutlich. Beliebt ist bei den Chinesen aber auch die Ente, die in interessanten Variationen zubereitet wird.

Man Zu Ji Se La
(aus der Manchurai)

Mandschurischer Hühnersalat

Zubereitungszeit: ca. 3/4 Stunden
Marinierzeit: ca. 2 Stunden

Sie benötigen für 4 Portionen:

300 g Hähnchenbrustfilet
1/2 l Hühnerbrühe
2 TL getrocknetes Basilikum
1/4 TL frisch gemahlenen schwarzen Pfeffer
3 TL Sojasauce Ketjap Manis
1 kg Weißkohl
2 mittelgroße Karotten
1 Zwiebel
75 ml Weinessig
1 EL Salz
2 Frühlingszwiebeln
1 Chilischote
1 Knoblauchzehe

Für die Sauce:

50 ml Weinessig
2 EL Olivenöl
1 EL Zucker
1/4 TL frisch gemahlenen schwarzen Pfeffer

Außerdem:

50 g Erdnüsse

So wird's gemacht:

1. Das Hähnchenbrustfilet etwa 20 Minuten in Hühnerbrühe garen. Das Fleisch herausnehmen und abkühlen lassen.
2. Das Fleisch in mundgerechte Stücke reißen mit Basilikum, Pfeffer und Sojasauce würzen und etwa 1 Stunde marinieren lassen.
3. Den Weißkohl putzen, die Karotten und die Zwiebel schälen, dann das gesamte Gemüse in feine Streifen schneiden. Das Gemüse mit 200 ml Wasser, dem Essig und dem Salz mischen und so lange kräftig durchkneten, bis es weich ist.
4. Das Gemüse in ein Sieb geben, mit Wasser abspülen und zum Abtrocknen auf einem Küchentuch ausbreiten.
5. Die Frühlingszwiebeln und die Chilischote putzen, waschen und in feine Streifen schneiden. Den Knoblauch schälen und kleinhacken.
6. Das Fleisch, das gesamte Gemüse und den Knoblauch gut mischen.
7. Essig, Öl, Zucker und Pfeffer zu einer Sauce verrühren und sie mit dem Salat mischen. Den Salat etwa 1 Stunde durchziehen lassen.
8. Den Salat vor dem Servieren mit ganzen oder grobgehackten Erdnüssen bestreuen. Dazu paßt Krabbenbrot.

La Zi Ji Ding (aus Sichuan)

Scharf gebratene Hähnchenwürfel

Zubereitungszeit: ca. 1/2 Stunde
Marinierzeit: ca. 1/2 Stunde

Sie benötigen für 4 Portionen:

500 g Hähnchenbrustfilet

Für die Marinade:

10 g frischen Ingwer
2 Knoblauchzehen
2 EL Sesamöl
3 EL helle Sojasauce
1 EL Chinaessig
2 TL Chilisauce
1 EL Zucker
1/2 TL Sichuanpfeffer

Außerdem:

2 Frühlingszwiebeln
1/2 grüne Paprikaschote
1 rote Gemüsepeperoni
2 EL Sojaöl
100 g frische Erdnußkerne
1/8 l Hühnerbrühe

So wird's gemacht:

1. Das Fleisch in 2 cm große Würfel schneiden. Den Ingwer und die Knoblauchzehen schälen und fein hacken.
2. Den Ingwer und den Knoblauch mit den restlichen Marinierzutaten verrühren. Die Fleischwürfel in die Marinade legen und darin etwa 1/2 Stunde ziehen lassen.
3. In der Zwischenzeit die Frühlingszwiebeln, die Paprikaschote und die Gemüsepeperoni putzen. Das gesamte Gemüse in feine Streifen schneiden.
4. Das Fleisch aus der Marinade nehmen und abtropfen lassen.
5. Das Öl erhitzen und die Erdnüsse darin unter Rühren etwa 1 Minute braten. Das Fleisch dazugeben und 5 Minuten pfannenrühren. Das Gemüse daruntermischen und 2 Minuten pfannenrühren.
6. Die Hühnerbrühe dazugießen und etwa 2 Minuten bei großer Hitzezufuhr einkochen lassen. Das Gericht auf einer vorgewärmten Platte servieren.

Zhu Sun Bo Luo Ji
(aus Guangdong)

Huhn mit Bambus, Ananas und Nüssen

Zubereitungszeit: 40 Minuten
Marinierzeit: ca. ½ Stunde

Sie benötigen für 4 Portionen:

Für die Marinade:
- 4 EL Reiswein oder Sherry Amontillado
- 4 EL Sojasauce Ketjap Manis
- 1 Msp. Salz
- 1 Msp. frisch gemahlenen schwarzen Pfeffer

Außerdem:
- 500 g Hähnchenbrustfilet
- 1 Dose Ananas in Scheiben (820 ml)
- 125 g Bambussprossen (aus der Dose)
- 6 EL Sojaöl
- 200 g gemischte Nüsse (Erdnüsse, Mandeln, Cashewnüsse)

Für die Sauce:
- 2 EL Maisstärke
- 4 EL Tomatenmark
- 1 EL Zucker
- ¼ TL Tabasco
- ¼ TL frisch gemahlenen schwarzen Pfeffer
- 2 EL Sojasauce Ketjap Manis

So wird's gemacht:

1. Den Reiswein oder den Sherry, die Sojasauce, das Salz und den Pfeffer zu einer Marinade verrühren. Das Hähnchenbrustfilet in feine Streifen schneiden und für etwa ½ Stunde in der Marinade ziehen lassen.

2. Die Ananasscheiben abseihen, dabei den Saft auffangen und diesen mit Wasser auf ½ l auffüllen. Die Ananasscheiben in jeweils 6 Stücke schneiden. Die Bambussprossen in dünne Stifte schneiden.

3. Das Öl erhitzen. Das Fleisch gut abtropfen lassen und nach und nach anbraten. Es dann herausnehmen und auf einer Platte warm stellen. Nun die Nüsse im Öl kurz anbraten, anschließend die Ananasstücke und die Bambusstreifen dazugeben, alles kurz erhitzen und über das Fleisch geben.

4. Die Stärke in etwas Wasser anrühren. Das Tomatenmark zusammen mit dem Ananassaft erhitzen. Die Sauce kurz aufkochen lassen und mit Zucker, Tabasco, Pfeffer und Sojasauce pikant abschmecken. Die angerührte Stärke zur Sauce geben, alles nochmals kurz aufkochen lassen, dann über das Fleisch, die Nüsse und das Gemüse geben. Das Ganze heiß servieren.

(auf dem Foto: links)

Chao Gu Zheng Ji (aus Beijing)

Gedämpftes Hähnchen mit Strohpilzen

Zubereitungszeit: ca. 1/2 Stunde
Spezielles Küchengerät: Dämpfkreuz für den Wok

Sie benötigen für 4 Portionen:

500 g Hähnchenbrustfilet (eventuell mit Haut, aber ohne Knochen)
3 Frühlingszwiebeln
20 g frischen Ingwer
1 Dose Strohpilze (470 ml)

Für die Würztunke:

3 EL Reiswein
3 EL Ketjap Manis
1 Msp. Salz
1 TL Zucker

Außerdem:

3 TL Speisestärke

So wird's gemacht:

1. Das Hühnerfleisch in Würfel schneiden. Die Frühlingszwiebeln putzen, die grünen Teile in feine Röllchen schneiden, die weißen Enden fein würfeln.

2. Den Ingwer schälen und in dünne Scheiben schneiden. Die Pilze über einer Schüssel abgießen, dabei das Pilzwasser auffangen. Den Reiswein, die Sojasauce, das Salz, den Zucker und die Pilzflüssigkeit zu einer Würztunke verrühren.

3. Das Fleisch und die Pilze auf einem großen Teller anrichten, die Zwiebeln darüberstreuen, die Ingwerscheiben darauf legen und alles mit der Würztunke begießen.

4. Etwas Wasser im Wok zum Köcheln bringen, das Dämpfkreuz hineinlegen, den Teller darauf stellen und den Wok zudecken. Fleisch und Pilze etwa 1/4 Stunde dämpfen.

5. In der Zwischenzeit die Speisestärke mit etwas Wasser verrühren.

6. Den Teller aus dem Wok nehmen, die Ingwerscheiben entfernen und das Wasser im Wok wegschütten.

7. Die Garflüssigkeit vom Teller in den Wok gießen. Die angerührte Stärke dazugeben, alles unter Rühren aufkochen lassen. Die so gebundene Sauce über das Gericht gießen und es sofort servieren.

(auf dem Foto: rechts)

Guang Dong Ji (aus Guangdong)

Kantonhuhn

Zubereitungszeit: ca. 40 Minuten

Sie benötigen für 4 Portionen:

- 1 Hähnchen (ca. 1 kg)
- oder 1 kg Hühnerflügel
- $^{3}/_{4}$ l Hühnerbrühe
- $2^{1}/_{2}$ TL Chinapfeffer
- 1 EL Schweineschmalz
- $1^{1}/_{2}$ TL Wu-Fen
- 1 TL Sesamöl

So wird's gemacht:

1. Das Hähnchen oder die Hühnerflügel in der Hühnerbrühe etwa 20 Minuten köcheln lassen. Das Fleisch dann herausnehmen und abkühlen lassen. Das Hähnchen in 5 cm große Stücke hacken, die Hühnerflügel müssen nicht zerhackt werden.

2. Die Hähnchenstücke oder die Hühnerflügel mit $1^{1}/_{2}$ Teelöffel Chinapfeffer bestäuben.

3. Das Schweineschmalz erhitzen, das Wu-Fen und den restlichen Chinapfeffer hineinrühren und das Sesamöl daruntermischen.

4. Die Hähnchenteile oder die Hühnerflügel nach und nach im gewürzten Fett anbräunen und dann zusammen kroßbraten.

(auf dem Foto: unten)

Tip

Dieses Gericht können Sie heiß oder kalt servieren.

Huo Tui Zheng Ji (aus Beijing)

Gedämpftes Huhn mit Schinken

Zubereitungszeit: ca. 40 Minuten
Spezielles Küchengerät: Chi-Go-Topf

Sie benötigen für 4 Portionen:
750 g Hähnchenbrustfilet
5 EL Sojasauce Ketjap Manis
1 EL Sojaöl
1 Msp. Salz
1 Msp. frisch gemahlenen weißen Pfeffer
1 1/2 EL Maisstärke
50 g rohen geräucherten Schinken

Für die Sauce:
150 ml Hühnerbrühe
1 1/2 EL Maisstärke
3 EL Sojasauce Ketjap Manis
1 TL Zucker

So wird's gemacht:

1. Das Hähnchenbrustfilet in feine Streifen schneiden und mit der Sojasauce, dem Öl, dem Salz, dem Pfeffer und der Stärke mischen. Den Schinken in feine Streifen schneiden.

2. Das Hähnchenfleisch in den Chi-Go-Topf geben, den Schinken darüberstreuen und das Ganze etwa 20 Minuten über Wasserdampf garen.

3. Für die Sauce die Brühe in einem Topf erhitzen. Die Stärke mit der Sojasauce und dem Zucker verrühren, dann in die heiße Brühe geben und diese einmal aufkochen lassen.

4. Das gedämpfte Fleisch im Chi-Go-Topf mit einer Gabel etwas auflockern, mit der Sauce übergießen und sofort im Chi-Go-Topf servieren.

(auf dem Foto: oben)

Zhu Rou Chao Ji (aus Guangdong)

Huhn mit Schweinefleisch und Gemüse

Zubereitungszeit: ca. 3/4 Stunden
Marinierzeit: ca. 1/2 Stunde

Sie benötigen für 4 Portionen:

- 250 g Hähnchenbrustfilet
- 150 g Schweineschnitzelfleisch
- 3 EL Sojasauce Ketjap Manis
- 200 g Chinakohl
- 200 g Champignons
- 100 g Bambussprossen (aus der Dose)
- 1/2 Ingwernuß in Sirup
- 3 TL Maisstärke
- 1 Eiweiß
- 3 EL Sojaöl
- 100 ml Hühnerbrühe

So wird's gemacht:

1. Das Hähnchenbrustfilet und das Schnitzelfleisch in feine Streifen schneiden. Das Fleisch mit der Sojasauce begießen, gut mischen und etwa 1/2 Stunde ziehen lassen.

2. Den Chinakohl in einzelne Blätter teilen, diese waschen und in 2 cm breite Streifen schneiden. Die Pilze mit einem feuchten Küchentuch abreiben und ebenso wie den Bambus in dünne Scheiben schneiden. Den Ingwer sehr fein hacken.

3. Die Fleischstreifen mit 2 Teelöffeln Maisstärke mischen, dann das flüssige Eiweiß vorsichtig darunterziehen.

4. Etwa 2 Eßlöffel Öl im Wok erhitzen, dann das Fleisch dazugeben und so lange unter Rühren braten, bis es die rosa Farbe verliert. Das Fleisch herausnehmen und warm stellen.

5. Nun den Ingwer in dem restlichen Öl anbraten. Das Gemüse dazugeben und pfannenrühren. Die Brühe dazugeben und das Gemüse etwa 3 Minuten köcheln lassen. Es sollte dann bißfest sein.

6. Die restliche Stärke mit etwas Wasser verrühren, zum Gemüse geben und kurz aufkochen lassen. Das Fleisch daruntermischen und das Ganze sofort servieren.

Feng Mi Dun Zi Ji
(aus Guangdong)

Geschmortes Honighähnchen

Zubereitungszeit: ca. 3/4 Stunden

Sie benötigen für 4 Portionen:

1 kg Hühnerfleisch
2 Frühlingszwiebeln
20 g frischen Ingwer
4 EL Sojaöl

Für die Sauce:

75 ml Reiswein
oder Sherry Amontillado
4 EL Sojasauce Ketjap Manis
1 TL Salz
3 EL Honig

So wird's gemacht:

1. Die Spitzen der Flügel abschneiden und die Flügel im Gelenk halbieren. Die Frühlingszwiebeln putzen, waschen und in 1/2 cm große Ringe schneiden. Den Ingwer schälen und fein hacken.
2. Das Öl im Wok erhitzen. Die Frühlingszwiebeln und den Ingwer darin kurz pfannenrühren, herausnehmen und beiseite stellen.
3. Die Hühnerteile nach und nach im Öl anbräunen.
4. Überschüssiges Öl wieder abgießen, dann die Frühlingszwiebeln und den Ingwer über dem Fleisch verteilen.
5. Den Reiswein oder den Sherry, die Sojasauce, das Salz und den Honig verrühren, über das Hähnchenfleisch gießen und erhitzen. Alles in der Sauce zugedeckt etwa 20 Minuten köcheln lassen, dabei mehrmals wenden.
6. Den Wok aufdecken und die Sauce in weiteren 10 Minuten unter ständigem Wenden des Fleisches einkochen lassen (Achtung, das Gericht brennt leicht an). Das Honighähnchen heiß oder kalt servieren.

Suan Tian Huo Ji Qiu (aus Guangdong)

Süß-saure Putenbällchen

Zubereitungszeit: ca. 3/4 Stunden
Spezielles Küchengerät: Dämpfkörbchen

Sie benötigen für 4 Portionen:

500 g Putenbrust
1 Knoblauchzehe
1 Eiweiß
1/4 TL Salz
1/4 TL frisch gemahlenen weißen Pfeffer
3 EL Maisstärke
3 Mu-Err-Pilze
2 mittelgroße Karotten
1 grüne Paprikaschote
1 Zwiebel
je 1 rote und grüne Chilischote
2 EL Sojaöl
2 EL Reisweinessig
2 EL Sojasauce Ketjap Manis
1 EL Hoisinsauce
1 EL braunen Zucker
150 ml Hühnerbrühe

So wird's gemacht:

1. Das Putenbrustfleisch durch die feine Scheibe des Fleischwolfs drehen oder im Mixer zerhacken.
2. Den Knoblauch schälen, fein hacken und unter das Fleisch mischen. Dann das Eiweiß, das Salz, den Pfeffer und 2 Eßlöffel der Stärke daruntermischen und die Fleischmasse etwa 1/2 Stunde stehen lassen.
3. In der Zwischenzeit die Pilze in kaltem Wasser aufsetzen und etwa 5 Minuten köcheln lassen. Die Karotten schälen und in feine Stifte schneiden. Die Paprikaschote waschen, vierteln und quer in dünne Streifen schneiden. Die Zwiebel schälen und anschließend in dünne Ringe schneiden.
4. Die Pilze absieben, putzen und in feine Streifen schneiden. Die Chilischoten waschen und putzen. Die beiden Chilischoten getrennt fein hacken und auf der Arbeitsfläche ausbreiten.
5. Aus der Fleischmasse 3 cm große Bällchen formen und sie im roten oder grünen Chili wenden.
6. Die Bällchen in Dämpfkörbchen setzen und sie über kochendem Wasser in etwa 1/4 Stunde garen.
7. In der Zwischenzeit das Öl erhitzen, die Zwiebel darin anbraten. Dann nacheinander Karotten, Paprikaschoten- und Pilzstreifen dazugeben und unter Rühren braten.
8. Den Essig, die Sojasauce, die Hoisinsauce, den Zucker, die Brühe und 1 Eßlöffel Stärke mischen und über das Gemüse geben. Das Ganze anschließend kurz aufkochen lassen.
9. Die Gemüsesauce auf eine vorgewärmte Servierplatte geben und die Fleischbällchen darauf anrichten.
(auf dem Foto: oben)

Dou Ya Chao Ya (aus Beijing)

Ente mit Mungbohnenkeimen

Zubereitungszeit: ca. 1/2 Stunde

Sie benötigen für 4 Portionen:

250 g Entenbrust
500 g Mungbohnenkeime

Für die Sauce:

1 EL Maisstärke
3 EL Austernsauce
3 EL Reiswein oder Sherry Amontillado
1/4 TL Salz
1/4 TL frisch gemahlenen schwarzen Pfeffer

Außerdem:

3 EL Sojaöl
1 TL Chinapfeffer

So wird's gemacht:

1. Die Entenbrust (mit Haut) in dünne Scheibchen schneiden. Die Mungbohnenkeime waschen und abtropfen lassen.
2. Für die Sauce die Stärke mit 3 Eßlöffeln Wasser verrühren. Die Austernsauce und den Reiswein oder den Sherry hineinrühren und die Sauce mit Salz und schwarzem Pfeffer würzen.
3. Das Öl stark erhitzen. Das Fleisch kurz pfannenrühren, mit Chinapfeffer würzen, herausnehmen und warm stellen.
4. Das Öl erneut erhitzen, die Mungbohnenkeime darin 2 Minuten pfannenrühren. Die Sauce dazugeben, einmal aufkochen lassen.
5. Die Mungbohnenkeime auf einer vorgewärmten Servierplatte anrichten, die Entenscheiben darauf anrichten und sofort servieren.
(auf dem Foto: unten)

Chao Ya Kuai (aus Shanghai)

Pfannengerührte Ente

Zubereitungszeit: ca. 1 1/4 Stunden

Sie benötigen für 4 Portionen:

1 Ente (ca. 1,2 kg)
1/2 TL Chinapfeffer
oder gemahlenen weißen Pfeffer
1/4 TL Salz
250 g Bambussprossen
(aus der Dose)
250 g Champignons
4 EL Sojaöl
1/4 l Hühnerbrühe
2 EL Maisstärke
3 EL Austernsauce
3 EL Sojasauce Ketjap Manis
3 EL Reiswein
oder Sherry Amontillado
1 TL Zucker
250 g frische Mungbohnenkeime

So wird's gemacht:

1. Die Ente waschen, trockentupfen und mit Chinapfeffer und Salz einreiben. Die Ente bei 250°C etwa 30 Minuten braten, dabei mehrmals mit Bratfett begießen. (Die Ente kann auch 30 Minuten in Wasser gekocht werden).
2. Die Ente abkühlen lassen und das Fleisch von der Karkasse schneiden. Die Knochen auslösen.
3. Das Entenfleisch mit Haut in 2 1/2 cm große Würfel schneiden. Die Bambussprossen ebenfalls in 2 1/2 cm große Würfel schneiden. Die Champignons mit einem feuchten Küchentuch abreiben. Große Champignons vierteln, kleine ganz lassen.
4. Etwa 2 Eßlöffel Öl erhitzen, die Pilze und die Bambussprossen dazugeben und 2 Minuten pfannenrühren. Die Brühe angießen und das Gemüse 2 Minuten simmern lassen.
5. Für die Sauce die Stärke mit 3 Eßlöffeln Wasser mischen, dann die Austernsauce, die Sojasauce, den Reiswein oder den Sherry mit Zucker darunterrühren.
6. Die Mungbohnenkeime unter das Gemüse heben. Die Sauce dazugeben, das Ganze aufkochen lassen und auf einer vorgewärmten Platte warm halten.
7. Das restliche Öl stark erhitzen. Das Fleisch zuerst auf der Hautseite anbraten, dann die Fleischstücke kurz pfannenrühren.
8. Das Fleisch auf dem Gemüse anrichten und das Ganze sofort servieren.
(auf dem Foto: links)

Ning Meng Ya (aus Guangdong)

Ente in Zitronensauce

Zubereitungszeit: ca. 3/4 Stunden
Marinierzeit: ca. 1 1/2 Stunden

Sie benötigen für 4 Portionen:

Für die Marinade:
10 g frischen Ingwer
2 Frühlingszwiebeln
1 EL Reiswein
1 TL Salz

Für die Fleischstücke:
500 g Entenbrust mit Haut
2 Eier
Sojaöl zum Fritieren
125 g Maisstärke

Für die Sauce:
3/8 l Hühner- oder Entenbrühe
2 EL Reiswein
3 EL Zitronensaft
1 1/2 EL Zucker

Außerdem:
1/2 TL Sesamöl

So wird's gemacht:

1. Für die Marinade den Ingwer schälen, die Frühlingszwiebeln putzen und beides fein hacken.

2. Etwa 2 Eßlöffel Wasser, den Reiswein, das Salz, den Ingwer und die Frühlingszwiebeln zu einer Marinade verrühren. Das Entenbrustfleisch in 2 cm große Würfel schneiden, mit der Marinade mischen und abgedeckt etwa 1 1/2 Stunden durchziehen lassen.

3. Die Eier aufschlagen und gut verquirlen. Das Fleisch aus der Marinade nehmen und trockentupfen.

4. Das Sojaöl erhitzen. Die Fleischwürfel einzeln in die Eier tauchen, in der Stärke wenden und im Öl goldbraun ausbacken. Die fritierten Entenstücke herausnehmen und auf Küchenkrepp abtropfen lassen.

5. Für die Sauce die Hühner- oder Entenbrühe mit dem Reiswein oder dem Sherry, dem Zitronensaft und dem Zucker mischen. Die Sauce zum Kochen bringen, dann die Hitzezufuhr reduzieren.

6. Die Entenstücke in die Sauce geben und etwa 1/4 Stunde köcheln lassen.

7. Das Gericht mit Sesamöl abschmecken und auf einer vorgewärmten Platte servieren.

(auf dem Foto: rechts)

Xiang Su Ya (aus Guangdong)

Knusprig gebratene Ente

Zubereitungszeit: ca. 1 1/2 Stunden

Sie benötigen für 4 Portionen:

- 4 Tung-Koo-Pilze
- 500 g Entenbrust mit Haut
- 3 mittelgroße Karotten
- je 1 rote und grüne Paprikaschote
- 4 Frühlingszwiebeln
- 100 g Champignons
- 150 g frische Mungbohnenkeime
- 2 EL Maisstärke
- Sojaöl zum Fritieren und Braten
- 200 ml Hühner- oder Entenbrühe
- 4 EL helle Sojasauce
- Salz
- 1 EL Sesamöl
- 1/2 TL frisch gemahlenen schwarzen Pfeffer

So wird's gemacht:

1. Die Tung-Koo-Pilze in etwa 1/2 l Wasser etwa 1 Stunde köcheln lassen.

2. In der Zwischenzeit das Entenbrustfleisch in 2 cm große Würfel schneiden. Die Karotten schälen und in feine Stifte schneiden. Die Paprikaschoten putzen, vierteln, waschen und quer in feine Streifen schneiden.

3. Die Frühlingszwiebeln putzen, waschen und schräg in 1 cm lange Stücke schneiden. Die Champignons mit einem feuchten Küchentuch abreiben, die Stielenden abschneiden und die Pilze in Scheiben schneiden. Die Mungbohnenkeime waschen und abtropfen lassen.

4. Die Tung-Koo-Pilze aus dem Sud nehmen, die Stiele abschneiden. Die Pilze in schmale Streifen schneiden. Die Stärke in etwas Wasser verrühren.

5. Etwa 2 Eßlöffel Sojaöl erhitzen. Die Frühlingszwiebeln darin anbraten, dann nach und nach die Karotten, die Paprikaschoten und die Tung-Koo-Pilze dazugeben und kurz pfannenrühren.

6. Die Hühner- oder die Entenbrühe zum Gemüse gießen. Die Champignons und die Mungbohnenkeime dazugeben. Das Gemüse mit Sojasauce, Salz und Sesamöl würzen. Die Stärke dazugeben und die Sauce einmal aufkochen lassen. Das Gemüse herausnehmen und warm stellen.

7. Reichlich Öl zum Fritieren erhitzen. Die Entenstücke nach und nach in etwa 6 Minuten knusprig braun ausbacken. Die Stücke anschließend salzen und pfeffern, auf einer vorgewärmten Servierplatte anrichten, mit dem Gemüse umlegen und das Ganze sofort servieren.

Tip

Besonders knusprig wird die Ente, wenn Sie die Brust bei 200 °C im Backofen 1/4 Stunde vorbraten.

Gerichte mit Fisch und Meeresfrüchten

Fisch erfreut sich in China außerordentlicher Beliebtheit, wobei im Landesinneren bevorzugt Süßwasserfische auf dem Speisezettel stehen. In den Küstenregionen hingegen entwickelte sich ein reichhaltiger Rezeptschatz für alle eßbaren Arten von Meeresgetier.

Tian La Xiang Su Yu
(aus Sichuan)

Knusperfisch in süß-scharfer Sauce

Zubereitungszeit: ca. 3/4 Stunden

Sie benötigen für 4 Portionen:

Für die Marinade:
20 g frischen Ingwer
1/2 TL Salz
2 EL helle Sojasauce
1 EL Reiswein
oder Sherry Amontillado

Für den Fisch:
1 küchenfertigen Karpfen (ca. 1 kg)

Für die Sauce:
2 Knoblauchzehen
10 g frischen Ingwer
2 Frühlingszwiebeln
2 frische rote Chilischoten
2 EL Sojaöl
2 EL Essig
1 1/2 EL Zucker
1/2 TL Sesamöl
175 ml Fischfond
oder Hühnerbrühe
1 1/2 TL Maisstärke
1 Msp. Salz
1 Msp. frisch gemahlenen
weißen Pfeffer

Zum Garnieren:
2 Frühlingszwiebeln
2 frische rote Chilischoten
frisches Koriandergrün

Für den Teig:
90 g Mehl

Außerdem:
2 TL Maisstärke
Öl zum Fritieren

So wird's gemacht:

1. Für die Marinade den Ingwer schälen und in dünne Scheiben schneiden. Die Ingwerscheiben mit Salz bestreuen und mit der Sojasauce und dem Reiswein oder dem Sherry begießen.

2. Den Karpfen schuppen, waschen und sorgfältig trockentupfen. Ihn dann in die Marinade legen und unter häufigem Wenden etwa $^{1}/_{4}$ Stunde ziehen lassen.

3. In der Zwischenzeit für die Sauce den Knoblauch und den Ingwer schälen, die Frühlingszwiebeln putzen und die Chilischoten waschen. Alles fein hacken.

4. Für die Garnitur die Frühlingszwiebeln putzen und die Chilischoten waschen. Beides in feine Ringe schneiden. Das Koriandergrün waschen.

5. Das Mehl mit 150 ml Wasser zu einem Teig verrühren.

6. Den Fisch aus der Marinade nehmen, auf beiden Seiten rautenförmig tief einschneiden, so daß 1 cm breite „Schuppen" entstehen.

7. Den Fisch mit der Stärke bestäuben und dann beidseitig mit dem Teig überziehen.

8. Das Öl zum Fritieren erhitzen. Den Fisch hineingeben und etwa 8 Minuten fritieren. Dabei einmal wenden.

9. Den Fisch herausheben, warm stellen und dabei auf Küchenkrepp gut abtropfen lassen.

10. Für die Sauce das Sojaöl erhitzen. Den Knoblauch, die Frühlingszwiebeln, den Ingwer und die Chilischoten ungefähr 2 Minuten darin braten, alles mit Essig ablöschen und mit Zucker und Sesamöl würzen.

11. Den Fond oder die Brühe mit der Stärke verrühren, zu den anderen Saucenzutaten geben. Alles noch einmal kurz aufkochen lassen und mit Salz und Pfeffer abschmecken.

12. Den Fisch mit der heißen Sauce überziehen und mit Frühlingszwiebeln, Chilischoten und Koriandergrün garnieren. Das Ganze sofort servieren.

Zha Yu Kuai (aus Shandong)

Fritierte Fischwürfel

Zubereitungszeit: ca. 1/2 Stunde

Sie benötigen für 4 Portionen:

750 g Barsch- oder Heilbuttfilet

Für den Teig:

2 Eigelb
2 EL Mehl
1/4 TL Backpulver
2 EL Reiswein
oder Sherry Amontillado
1 EL helle Sojasauce
1 Msp. Salz
1 Msp. frisch gemahlenen
weißen Pfeffer

Für die Sauce:

1 Knoblauchzehe
2 EL Honig
2 EL Reiswein
oder Sherry Amontillado
2 EL Sojasauce Asin
1/4 TL Sesamöl

Außerdem:

Öl zum Fritieren

So wird's gemacht:

1. Den Fisch in 2 cm große Würfel schneiden.
2. Eigelb, Mehl, Backpulver, Reiswein oder Sherry, Sojasauce, Salz und Pfeffer zu einem Teig verrühren.
3. Für die Sauce den Knoblauch schälen, fein hacken und mit dem Honig, dem Reiswein oder dem Sherry, der Sojasauce und dem Sesamöl mischen.
4. Das Öl erhitzen.
5. Die Fischwürfel in den Teig tauchen und zunächst portionsweise nur so lange fritieren, bis sie hellbraun sind. Die Würfel dann herausnehmen, abtropfen lassen. Kurz vor dem Servieren die Fischwürfel gemeinsam noch einmal etwa 3 Minuten goldbraun ausbacken.
6. Die Fischwürfel mit der Sauce zusammen anrichten.

Tang Cu Yu (aus Shanghai)

Fisch süß-sauer

Zubereitungszeit: ca. 3/4 Stunden

Sie benötigen für 4 Portionen:
2 Zwiebeln
400 g rote, gelbe und grüne Paprikaschoten
500 g Kabeljaufilet
Saft von 1 Zitrone
1/4 TL Salz
1/2 Ingwernuß in Sirup
2 EL Sojaöl
100 ml Hühnerbrühe
3 EL Sojasauce Ketjap Manis
1/2 TL Zucker
1 Msp. Vetsin
3 EL Reiswein
1/4 TL feingemahlenen weißen Pfeffer
150 ml Süß-sauer-Sauce

So wird's gemacht:

1. Die Zwiebeln schälen und in dünne Ringe schneiden. Die Paprikaschoten waschen, putzen und in feine Streifen schneiden.

2. Das Fischfilet waschen, mit dem Zitronensaft beträufeln und etwas salzen. Das Filet in 1 1/2 cm dicke Streifen schneiden.

3. Die Ingwernuß ganz fein hacken. Etwa 1 Eßlöffel Öl erhitzen, die Ingwernuß darin anbraten. Dann die Zwiebeln und die Paprikastreifen dazugeben. Die Hühnerbrühe dazugießen und das Gemüse bißfest kochen.

4. Sojasauce, Zucker, Vetsin, Reiswein und Pfeffer in einem Topf mischen und erhitzen. Die Süß-sauer-Sauce dazugeben, alles wieder heiß werden, aber nicht kochen lassen.

5. Die Fischstreifen mit Küchenkrepp trockentupfen und im restlichen Öl braten.

6. Die Hälfte der Fischstreifen auf eine vorgewärmte Platte geben, etwas Gemüse darüber verteilen, dann den Rest des Fisches und des Gemüses darauf geben. Alles abschließend mit der heißen Sauce überziehen.

Bai Cai Yu Wan (aus Beijing)

Fischbällchen auf Chinakohl

Zubereitungszeit: ca. 50 Minuten
Spezielles Küchengerät: Fleischwolf oder Mixer

Sie benötigen für 4 Portionen:

1/2 Stange mittelgroßen Lauch
20 g frischen Ingwer
500 g Seelachs- oder Kabeljaufilet
1 Eiweiß
3 EL Reiswein
oder Sherry Amontillado
1 EL Maisstärke
1/4 TL frisch gemahlenen
weißen Pfeffer
1/4 TL Salz
500 g Chinakohl
4 EL Sojaöl

Für die Sauce:

1 EL Maisstärke
100 ml Hühnerbrühe
3 EL Reiswein
oder Sherry Amontillado
2 EL Sojasauce Ketjap Manis
1 TL Zucker
1/4 TL frisch gemahlenen
weißen Pfeffer
1/4 TL Salz

So wird's gemacht:

1. Den Lauch putzen, in feine Ringe schneiden und waschen. Den Ingwer schälen und klein hacken.
2. Den Fisch in große Stücke schneiden und zusammen mit dem Lauch und der Hälfte des Ingwers durch die feine Scheibe des Fleischwolfs drehen.
3. Die Fischmasse mit dem Eiweiß, dem Reiswein oder dem Sherry, der Stärke, dem Pfeffer und etwas Salz gut verkneten und sie danach etwas durchziehen lassen.
4. Den Chinakohl zerteilen, die Blätter waschen und in 3 cm breite Streifen schneiden.
5. Das Öl im Wok erhitzen. Aus der Fischmasse 2 1/2 cm große Klößchen formen. Diese im Öl von allen Seiten braten, herausnehmen und warm stellen.
6. Das Öl erneut erhitzen und den restlichen Ingwer darin kurz pfannenrühren. Den Chinakohl dazugeben und kurz pfannenrühren. Das Gemüse mit etwas Salz würzen, auf einer vorgewärmten Platte ausbreiten und warm stellen.
7. Für die Sauce die Maisstärke mit wenig Wasser verrühren. Die Hühnerbrühe mit dem Reiswein oder dem Sherry, der Sojasauce, Zucker, Pfeffer und Salz im Wok erhitzen. Die Stärke dazugeben und die Sauce kurz aufkochen lassen.
8. Die Fischklößchen auf dem Chinakohl anrichten, mit der Sauce überziehen und alles sofort servieren.
(auf dem Foto: unten)

Tip

Sie können das Fischfleisch auch in einem Mixer zerkleinern, dann aber den Lauch separat kleinhacken und erst danach unter die Fischmasse ziehen.

Yun Nan Sha Guo Yu (aus Yunnan)

Fisch im Chi-Go-Topf

Zubereitungszeit: ca. 40 Minuten
Marinierzeit: ca. 1/2 Stunde
Spezielles Küchengerät: Chi-Go-Topf

Sie benötigen für 4 Portionen:

500 g Gold- oder Rotbarschfilet
100 g frische Champignons
100 g gekochten Schinken
20 g geräucherten rohen Schinken
10 g frischen Ingwer
4 EL Sojasauce Ketjap Manis
2 EL Sojaöl
1 Msp. Salz

So wird's gemacht:

1. Den Fisch in mundgerechte Stücke schneiden. Die Champignons mit einem feuchten Küchentuch abreiben und in dünne Scheiben schneiden. Den gesamten Schinken in feine Streifen schneiden. Den Ingwer schälen und fein hacken.
2. Die Pilze, den Schinken und den Ingwer mit der Sojasauce, dem Öl und dem Salz mischen und abwechselnd mit dem Fisch in den Chi-Go-Topf schichten. Den Topf abdecken und für 1/2 Stunde kühl stellen.
3. Den Fisch und das Gemüse danach im Chi-Go-Topf über kochendem Wasser etwa 20 Minuten garen. Das Gericht im Chi-Go-Topf servieren.
(auf dem Foto: oben)

Cao Gu Yu Wan (aus Guangdong)

Fischklößchen mit Strohpilzen

Zubereitungszeit: ca. 50 Minuten
Zeit zum Durchziehen:
ca. 10 Minuten

Sie benötigen für 4 Portionen:

300 g Rotbarsch- oder Kabeljaufilet
1 Eiweiß
2 EL Mehl
1/4 TL Salz
2 Frühlingszwiebeln
30 g frischen Ingwer
2 EL Sojaöl
2 EL Reiswein
1 Dose Strohpilze (425 ml)
1/2 TL Zucker
1 Msp. frisch gemahlenen schwarzen Pfeffer
1 TL Sesamöl
2 TL Maisstärke

So wird's gemacht:

1. Das Fischfilet fein hacken. Es dann mit Eiweiß, Mehl und Salz mischen und die Masse etwa 10 Minuten durchziehen lassen.

2. Aus der Fischmasse etwa 3 cm große Klößchen formen.

3. Die Zwiebeln putzen, den Ingwer schälen und beides fein hacken. Das Öl erhitzen und die Zwiebeln und den Ingwer anbraten. Den Reiswein dazugeben.

4. Die Strohpilze abseihen, dabei die Flüssigkeit auffangen. Die Pilze zusammen mit der Hälfte der Pilzflüssigkeit in den Wok geben. Alles verrühren und offen etwa 10 Minuten köcheln lassen.

5. In der Zwischenzeit etwa 2 l Wasser zum Kochen bringen. Die Hitzezufuhr reduzieren, bis das Wasser nur noch leicht köchelt. Die Klößchen in das Wasser geben.

6. Das Pilzgemüse mit Zucker, Pfeffer und Sesamöl abschmecken. Die Stärke mit etwas Wasser verrühren, zu den Pilzen geben und das Gemüse kurz aufkochen lassen. Das Pilzgemüse auf eine vorgewärmte Platte geben.

7. Wenn die Klößchen an der Oberfläche schwimmen, sie abschöpfen und auf den Pilzen anrichten. Das Ganze sofort servieren.

Dou Fu Shao Yu (aus Beijing)

Tofufisch

Zubereitungszeit:
ca. 1½ Stunden

Sie benötigen für 4 Portionen:

- 3 Tung-Koo-Pilze
- 1 mittelgroße Stange Lauch
- je 1 rote und grüne Paprikaschote
- 1 mittelgroße Karotte
- 500 g Kabeljaufilet
- 1 TL Salz
- 250 g Tofu
- 1 Knoblauchzehe
- 5 EL Sojaöl
- 3 TL Wu-Fen (Fünf-Gewürze-Pulver)
- 2 EL Maisstärke
- 100 ml Hühnerbrühe
- 5 EL Sojasauce Ketjap Manis
- 3 EL Reiswein
- ¼ TL gemahlenen weißen Pfeffer

So wird's gemacht:

1. Die Pilze in ½ l Wasser aufsetzen, das Wasser zum Kochen bringen und die Pilze ungefähr 1 Stunde köcheln lassen.

2. In der Zwischenzeit den Lauch und die Paprikaschoten putzen und in feine Streifen schneiden. Die Karotte schälen und in dünne Stifte schneiden.

3. Das Fischfilet säubern und etwas salzen. Dann das Filet quer in fingerdicke Streifen schneiden.

4. Die Pilze abseihen, das Wasser dabei auffangen. Die harten Stiele der Pilze entfernen und die Kappen in feine Streifen schneiden.

5. Den Tofu zuerst in 1 cm dicke Scheiben und dann in 1 cm breite Streifen schneiden. Die Koblauchzehe schälen, halbieren und den Wok damit ausreiben.

6. Etwa 3 Eßlöffel Öl im Wok erhitzen und etwas Salz hineinstreuen. Nun die Fischstreifen im Wok kurz von beiden Seiten braten, mit 1 Teelöffel Wu-Fen bestäuben. Den Fisch herausnehmen, auf eine vorgewärmte Platte legen und warm halten.

7. Die Tofustreifen in den Wok geben, etwa 1 Minute lang braten. Mit 1 Teelöffel Wu-Fen bestäuben und die Streifen dann über den Fisch geben.

8. Die Stärke mit etwas Wasser verrühren. Das restliche Öl im Wok erhitzen und das gesamte Gemüse etwa 2 Minuten darin pfannenrühren. Alles mit der Brühe ablöschen und mit der Sojasauce, dem Reiswein, dem Pfeffer, 1 Teelöffel Wu-Fen und dem Pilzwasser würzen. Das Gemüse kurz aufkochen lassen. Die Stärke dazugeben und alles nochmals aufkochen lassen.

9. Das Gemüse über den Fisch und den Tofu geben und alles sofort servieren.

Su Cai Mo Yu (aus Guangdong)

Tintenfisch mit Gemüse

Zubereitungszeit: ca. 3/4 Stunden

Sie benötigen für 4 Portionen:

400 g frischen Tintenfisch
(kleine Sepia)
5 Frühlingszwiebeln
100 g Staudensellerie
(Bleichsellerie)
100 g Bambussprossen
(aus der Dose)
20 g frischen Ingwer
3 EL Sojaöl
1/2 TL Salz
1 EL Schweineschmalz
2 EL Sojasauce Ketjap Manis
1 EL Hoisinsauce
1 EL Austernsauce
2 EL Reiswein
oder Sherry Amontillado
1 EL Maisstärke
100 ml Hühnerbrühe

So wird's gemacht:

1. Die Tintenfische säubern. Dazu die äußere Haut abziehen. Den Kopf zusammen mit den Fangarmen aus dem Körper ziehen. Den Kopf von den Armen schneiden. Das transparente Fischbein aus dem Körper nehmen. Körper und Arme der Tintenfische gründlich waschen. Die Körper halbieren und in 4 cm lange und 2 cm breite Streifen schneiden. Die Tintenfischstreifen rautenförmig einschneiden.

2. Die Frühlingszwiebeln putzen und in 2 cm lange Stücke schneiden. Den Staudensellerie putzen und in feine Streifen schneiden. Die Bambussprossen ebenfalls in feine Streifen schneiden.

3. Den Ingwer schälen und anschließend in sehr dünne Scheiben schneiden.

4. Das Öl stark erhitzen. Den Ingwer und die Frühlingszwiebeln kurz darin pfannenrühren.

5. Den Tintenfisch salzen, zu dem Ingwer und den Frühlingszwiebeln geben und etwa 3 Minuten bei starker Hitze pfannenrühren. Die Ingwerscheiben danach entfernen. Die Tintenfischstücke herausnehmen und warm stellen.

6. Das Öl erneut erhitzen. Den Sellerie und die Bambussprossen darin etwa 3 Minuten pfannenrühren, herausnehmen und ebenfalls warm stellen.

7. Das Schweineschmalz erhitzen. Die Sojasauce, die Hoisinsauce, die Austernsauce und den Reiswein oder den Sherry zum Schmalz geben und heiß werden lassen.

8. Die Stärke mit etwas Wasser verrühren. Den Tintenfisch in die Sauce geben und etwa 2 Minuten unter häufigem Wenden erhitzen. Das Gemüse dazugeben, alles mit der Brühe ablöschen. Die Stärke dazugeben und alles nochmals aufkochen lassen. Das Gericht sofort servieren.

Cong You Mo Yu
(aus Guangdong)

Tintenfisch mit Lauchöl

Zubereitungszeit: ca. 3/4 Stunden

Sie benötigen für 4 Portionen:

600 g frischen Tintenfisch
(kleine Sepia)
1 kleine Stange Lauch
1/4 TL Salz
1/4 TL frisch gemahlenen
weißen Pfeffer
4 EL Hühnerbrühe
3 EL Sesamöl
1 TL Salz

So wird's gemacht:

1. Die Tintenfische säubern. Dazu die äußere Haut abziehen. Den Kopf mit den Fangarmen aus dem Körper ziehen. Den Kopf von den Armen schneiden. Das transparente Fischbein aus dem Körper nehmen. Körper und Arme der Tintenfische gründlich waschen. Die Körper halbieren, rautenförmig einschneiden und dann in 5 cm lange und 2 cm breite Streifen schneiden.

2. Den Lauch putzen, waschen und sehr fein hacken. Den Lauch mit Salz und Pfeffer würzen und mit der Brühe verrühren.

3. Das Sesamöl erwärmen und unter den Lauch mischen.

4. Etwa 3/4 l Wasser salzen und zum Kochen bringen. Die Tintenfischstreifen und die -arme darin etwa 1 Minute kochen lassen, herausnehmen und auf einer vorgewärmten Servierplatte anrichten. Den Lauch darübergeben.

Tip

Dieses Gericht kann auch kalt serviert werden. Je länger die Fischstreifen mit dem Lauchöl durchziehen, desto aromatischer schmecken sie.

Pak Soi Xia Ren (aus Shanghai)

Paksoi mit Garnelen

Zubereitungszeit: ca. ½ Stunde

Sie benötigen für 4 Portionen:

- 400 g geschälte, rohe Tiefseegarnelen
- 1 Eiweiß
- 1 EL Maisstärke
- 1 Msp. frisch gemahlenen schwarzen Pfeffer
- 600 g Paksoi
- 4 EL Sojaöl
- ⅛ l Hühnerbrühe
- 4 EL Weißwein
- 1 Knoblauchzehe
- 1 kleine Zwiebel
- 10 g frischen Ingwer
- 1 Msp. Salz

So wird's gemacht:

1. Die Garnelen unter fließendem Wasser abspülen, dann trockentupfen.

2. Das Eiweiß leicht aufschlagen, mit der Stärke verrühren und pfeffern. Dann die Garnelen darunterheben.

3. Den Paksoi am unteren Ende abschneiden. Die Blätter waschen und gut abtropfen lassen. Sie dann längs halbieren und sowohl die Blätter als auch die Blattrippen in 2 cm breite Streifen schneiden.

4. Etwa 2 Eßlöffel Öl erhitzen. Den Paksoi darin etwa 2 Minuten pfannenrühren, mit 6 Eßlöffel Hühnerbrühe und 2 Eßlöffel Wein ablöschen und das Gemüse weitere 5 Minuten garen. Es dann herausnehmen und warm stellen.

5. Den Knoblauch, die Zwiebel und den Ingwer schälen und sehr fein würfeln.

6. Das restliche Öl sehr stark erhitzen und Knoblauch, Zwiebel und Ingwer darin kurz anbraten.

7. Die Garnelen dazugeben und etwa 2 Minuten pfannenrühren. Die restliche Hühnerbrühe und den restlichen Wein dazugeben und die Garnelen salzen.

8. Den Paksoi unter die Garnelen heben, alles nochmals heiß werden lassen und sofort servieren.

(auf dem Foto: links)

Xia Dou Si (aus Shanghai)

Fritierter Garnelentoast

Zubereitungszeit: ca. 25 Minuten
Zeit zum Ziehen: ca. ½ Stunde
spezielles Küchengerät: Fleischwolf oder Hackmixer

Sie benötigen für 4 Portionen

250 g geschälte, rohe Tiefseegarnelen
50 g frischen Speck
10 g frischen Ingwer
1 Eiweiß
2 EL Reiswein
¼ TL Salz
1 Msp. frisch gemahlenen weißen Pfeffer
1 EL Maisstärke
6 Scheiben Weißbrot
1 TL schwarzen Sesamsamen
30 g rohen Schinken
100 ml Sojaöl

So wird's gemacht:

1. Die Garnelen gründlich waschen. Den Speck kleinschneiden. Den Ingwer schälen und kleinschneiden.
2. Garnelen, Speck und Ingwer zusammen in kleinen Portionen durch die feine Scheibe des Fleischwolfs drehen oder im Mixer fein hacken.
3. Die Masse mit dem Eiweiß, dem Reiswein, dem Salz, dem Pfeffer und der Stärke gut mischen und etwa ½ Stunde durchziehen lassen.
4. Die Weißbrotscheiben zweimal diagonal durchschneiden. Die Krabbenmasse darauf streichen und an den Rändern fest andrücken.
5. Zur Verzierung einige Sesamkörner oder Schinkenstreifen auf die Garnelenmasse legen und festdrücken.
6. Das Öl erhitzen. Die Toaststücke zuerst auf der belegten Seite etwa 2 Minuten, dann auf der Brotseite etwa 1 Minute fritieren. Die Toaststücke aus dem Öl nehmen, auf Küchenkrepp abtropfen lassen und auf vorgewärmten Platten servieren.

(auf dem Foto: Mitte)

Yan Xia Ren (aus Shanghai)

Marinierte Garnelen

Zubereitungszeit: ca. ¼ Stunde
Marinierzeit: ca. 2 Stunden

Sie benötigen für 4 Portionen:

450 g gekochte, geschälte Tiefseegarnelen
6 EL Zitronensaft
6 Frühlingszwiebeln
20 g frischen Ingwer
1 Knoblauchzehe
2 EL Reiswein
3 EL Sojasauce Ketjap Manis
¼ TL Sesamöl
einige Salatblätter zum Garnieren

So wird's gemacht:

1. Die Garnelen in einer Schüssel mit dem Zitronensaft beträufeln.
2. Die Frühlingszwiebeln putzen. Das Grün in feine Röllchen schneiden, den weißen Teil fein würfeln. Den Ingwer und den Knoblauch schälen und fein hacken.
3. Zwiebel, Ingwer und Knoblauch mit dem Reiswein und der Sojasauce mischen. Diese Marinade unter die Garnelen heben, und die Garnelen etwa 2 Stunden im Kühlschrank marinieren lassen.
4. Die Garnelen vor dem Servieren mit dem Sesamöl beträufeln und alles nochmals gut durchmischen. Die Garnelen auf den gewaschenen Salatblätter anrichten.

(auf dem Foto: rechts)

Gerichte mit Gemüse, Reis und Nudeln

Gemüse ist in der chinesischen Küche weit mehr als nur eine Beilage: Es ist die eigentliche Basis für die allermeisten Gerichte. Unermeßlich ist deshalb auch die Vielfalt rein vegetarischer Speisen. Schon eher zu den Beigaben zu zählen sind dagegen der Reis – vorwiegend in den subtropischen Gegenden Südchinas – und die Nudeln, die im Norden bevorzugt werden.

Mo Gu Hua Cai (aus Beijing)

Blumenkohl mit Pilzen

Zubereitungszeit: ca. 25 Minuten

Sie benötigen für 4 Portionen:

6 Mu-Err-Pilze
10 Wasserkastanien (aus der Dose)
1 großen Kopf Blumenkohl (ca. 1 kg)
4 EL Sojaöl
$^1/_8$ l Hühnerbrühe
1 EL Maisstärke
5 EL Sojasauce Ketjap Manis
4 EL Reiswein oder Sherry Amontillado

So wird's gemacht:

1. Die Pilze mit reichlich Wasser aufsetzen und etwa 10 Minuten köcheln lassen. Das Wasser abgießen und die Pilze in $^1/_2$ cm breite Streifen schneiden.

2. Die Wasserkastanien abtropfen lassen und in dünne Scheiben schneiden. Den Blumenkohl waschen und in kleine Röschen teilen.

3. Das Öl erhitzen. Den Blumenkohl dazugeben. Die Brühe dazugießen und den Blumenkohl unter häufigem Wenden etwa 5 Minuten köcheln lassen.

4. Die Pilze und die Wasserkastanien dazugeben und das gesamte Gemüse weitere 5 Minuten garen.

5. Die Stärke zuerst mit etwas Wasser, dann mit der Sojasauce und dem Reiswein oder dem Sherry verrühren und zu dem Blumenkohl geben. Das Gemüse aufkochen lassen und heiß servieren.

Shi Jin Su Cai (aus Shaanxi)

Bunte Gemüsepfanne „Xian“

Zubereitungszeit: ca. ½ Stunde

Sie benötigen für 4 Portionen:

4 Mu-Err-Pilze
1 Zwiebel
1 mittelgroße Karotte (ca. 100 g)
100 g Bambussprossen (aus der Dose)
je ½ rote und grüne Paprikaschote
100 g Champignons
1 mittelgroße Stange Lauch
3 EL Sojaöl
100 g Mais (aus der Dose)
100 g Erbsen (frisch oder TK-Produkt)
100 g frische Mungbohnenkeime
¼ l Hühnerbrühe
2 EL Maisstärke
2 EL Sojasauce Ketjap Manis
2 TL Curry
½ TL Tabasco

So wird's gemacht:

1. Die Pilze in kaltem Wasser aufkochen und dann etwa 10 Minuten köcheln lassen.

2. Die Zwiebel und die Karotte schälen. Die Zwiebel in dünne Ringe schneiden. Die Karotte und die Bambussprossen in feine Stifte schneiden. Die Paprikaschoten putzen, vierteln und quer in feine Streifen schneiden. Die Champignons mit einem feuchten Küchentuch abreiben, die Stielenden abschneiden und die Champignons in dünne Scheiben schneiden.

3. Den Lauch putzen, in ½ cm breite Stücke schneiden und dann waschen. Die Pilze abgießen, mit kaltem Wasser abschrecken, putzen und in schmale Streifen schneiden.

4. Das Öl erhitzen. Die Zwiebeln im Öl glasig werden lassen.

5. Die Karotte, die Paprikaschoten, den Lauch, die Maiskörner, die Bambussprossen, die Erbsen, die Pilze und die Mungbohnenkeime nach und nach dazugeben und pfannenrühren. Das Gemüse mit der Hühnerbrühe ablöschen und so lange köcheln lassen, bis es bißfest ist.

6. Die Stärke mit etwas Wasser verrühren. Sie zum Gemüse geben und alles nochmals aufkochen.

7. Das Gemüse mit Sojasauce, Currypulver und Tabasco abschmecken. Es danach heiß servieren.

Tip

Dieses Gericht schmeckt auch lauwarm oder kalt sehr gut.

Chao Su Cai (aus Beijing)

Pfannengerührtes Gemüse

Zubereitungszeit: ca. 1/4 Stunde
Zeit zum Abkühlen: ca. 1/2 Stunde

Sie benötigen für 4 Portionen:

- 3 mittelgroße Karotten (ca. 300 g)
- 1 mittelgroßen Rettich (ca. 250 g)
- 250 g Knollensellerie
- 1 mittelgroße Stange Lauch
- 4 EL Sojaöl
- 1/2 TL Salz
- 3 EL Chinaessig
- 4 EL Sojasauce Ketjap Manis

So wird's gemacht:

1. Das Gemüse waschen, putzen und in feine Streifen schneiden.
2. Das Öl erhitzen und das Gemüse darin etwa 3 Minuten pfannenrühren. Das Salz und den Essig dazugeben. Alles weitere 3 Minuten unter Rühren braten.
3. Das Gemüse mit der Sojasauce abschmecken, in eine Schüssel geben und für etwa 1/2 Stunde in den Kühlschrank stellen.
4. Das Gemüse kalt servieren.
(auf dem Foto: links)

Yan Huang Gua (aus Beijing)

Gurken in Würzmarinade

Zubereitungszeit: ca. 10 Minuten
Marinierzeit: ca. 2 Stunden

Sie benötigen für 4 Portionen:

- 1 mittelgroße Salatgurke

Für die Marinade:

- 4 EL Weinessig
- 4 EL Sojasauc Ketjap Manis
- 3 EL Sojaöl
- 1/2 TL Tabasco
- 1/2 TL frisch gemahlenen schwarzen Pfeffer
- 1 TL Zucker
- 1 Msp. Salz

Ban Huang Gua (aus Beijing)

Eingelegte Gurke

Zubereitungszeit: ca. 1/4 Stunde
Zeit zum Abkühlen: ca. 1/2 Stunde

Sie benötigen für 4 Portionen:

Für die Marinade:

2 Knoblauchzehen
10 g frischen Ingwer
3 EL Sojasauce Ketjap Manis
4 EL Reisweinessig
1/4 TL Salz
2 TL geriebenen Meerrettich (aus dem Glas)

Außerdem:

1 mittelgroße Salatgurke
4 EL Sojaöl

So wird's gemacht:

1. Den Knoblauch und den Ingwer schälen und fein hacken. Anschließend beides mit der Sojasauce, dem Essig, dem Salz und dem Meerrettich zu einer Marinade verrühren.

2. Die Gurke sehr gut waschen (nicht schälen) und in 5 cm dicke Scheiben schneiden. Diese Scheiben längs in sechs bis acht Stücke teilen.

3. Das Öl stark erhitzen und über die Gurkenstücke gießen. Die Marinade darunterziehen.

4. Die Gurken abkühlen lassen. Anschließend die Marinade abgießen und die Gurken sofort servieren.

(auf dem Foto: rechts)

So wird's gemacht:

1. Die Gurke waschen und längs so schneiden, daß in regelmäßigen Abständen immer ein Schalenstreifen stehen bleibt (Streifenmuster). Die Gurke in feine Scheiben schneiden. Die Zutaten für die Marinade verrühren, über die Gurkenscheiben geben und alles gut mischen.

2. Die Gurke mindestens für 2 Stunden kühl stellen, dabei öfters wenden.

3. Die Marinade nach dem Marinieren weitestgehend abgießen und die Gurken servieren.

(auf dem Foto: Mitte)

Zhi Jiao Bai Cai (aus Tianjin)

Chinakohl in weißer Sauce

Zubereitungszeit: ca. 20 Minuten

Sie benötigen für 4 Portionen:

1 mittelgroßen Chinakohl
(ca. 500 g)
150 g gekochten Schinken
2 EL Maisstärke
50 ml Milch
2 EL Sojaöl
½ TL Salz
1 TL Zucker
150 ml Hühnerbrühe

So wird's gemacht:

1. Den Chinakohl in die einzelnen Blätter teilen. Die Blätter waschen und in 2 cm breite Streifen schneiden.

2. Die Schinkenscheiben quer halbieren und in feine Streifen schneiden. Die Stärke und die Milch mischen.

3. Das Öl erhitzen. Den Chinakohl dazugeben, kurz pfannenrühren und mit Salz und Zucker bestreuen. Die Brühe dazugießen und den Chinakohl etwa 5 Minuten garen. Er sollte noch bißfest sein.

4. Den Kohl vorsichtig herausheben, die Flüssigkeit dabei abtropfen lassen und den Kohl auf eine vorgewärmte Servierplatte legen.

5. Den Sud aufkochen lassen, die angerührte Stärke dazugeben. Alles nochmals aufkochen lassen und über den Kohl gießen. Den Kohl mit den Schinkenstreifen bestreuen und sofort servieren.

(auf dem Foto: oben links)

Tang Cu Bao Cai (aus Jiangsu)

Süß-saurer Weißkohl

Zubereitungszeit: ca. 20 Minuten

Sie benötigen für 4 Portionen:

- 1 mittelgroßen Weißkohl (ca. 1 kg)
- 30 g frischen Ingwer
- 3 EL Sojaöl
- 4 EL Sojasauce Ketjap Manis
- 3 EL Weinessig
- 1/4 TL Salz
- 3 EL braunen Zucker
- 2 EL Maisstärke
- 375 ml Weißwein

So wird's gemacht:

1. Den Weißkohl vierteln. Den Strunk aus den Stücken schneiden, die Weißkohlviertel in 2 cm breite Streifen schneiden. Den Ingwer schälen und fein hacken.
2. Das Öl erhitzen. Zuerst den Ingwer unter Rühren anbraten. Dann den Weißkohl dazugeben und so lange braten, bis das Gemüse mit einem feinen Fettfilm überzogen ist.
3. Die Sojasauce, den Essig, das Salz und den Zucker dazugeben. Alles verrühren. Die Stärke mit etwas Wasser verrühren.
4. Zuerst den Weißwein, dann die angerührte Stärke über das Gemüse gießen und alles unter Rühren kurz zum Köcheln bringen, so daß die Stärke binden kann.
5. Das Gemüse heiß servieren.
(auf dem Foto: unten)

Chao Bao Cai (aus Beijing)

Gebratener Weißkohl

Zubereitungszeit: ca. 20 Minuten

Sie benötigen für 4 Portionen:

- 1 kg Weißkohl
- 6 Knoblauchzehen
- 3 Gemüsepeperoni
- 4 EL Sojaöl
- 1 TL Salz, 6 EL Zucker
- 6 EL Chinaessig oder Weinessig
- 4 EL Sojasauce Ketjap Manis

So wird's gemacht:

1. Den Weißkohl waschen, vierteln und den festen Strunk herausschneiden. Die Viertel in feine Streifen schneiden. Den Knoblauch schälen und fein hacken. Die Gemüsepeperoni putzen und waschen. Die Gemüsepeperoni in kleine Würfel schneiden.
2. Das Öl erhitzen. Den Kohl zusammen mit dem Knoblauch und den Gemüsepeperoni kurz pfannenrühren. Wenn das Gemüse mit einem feinen Fettfilm überzogen ist, das Salz, den Zucker, den Essig und die Sojasauce dazugeben. Alles gut durchrühren und servieren.
(auf dem Foto: oben rechts)

Xian Chao Da Cong (aus Beijing)

Pikant gebratener Lauch

Zubereitungszeit: ca. 10 Minuten

Sie benötigen für 4 Portionen:
2 mittelgroße Stangen Lauch

Für die Sauce:
½ TL Salz
2 EL Zucker
¼ TL Cayennepfeffer
3 EL Weinessig
2 EL Sojasauce Ketjap Manis

Außerdem:
2 EL Sojaöl

So wird's gemacht:

1. Den Lauch putzen der Länge nach halbieren und die Hälften waschen. Sie dann schräg in 2 cm lange Stücke schneiden.

2. Das Salz, den Zucker und den Cayennepfeffer mit dem Essig und der Sojasauce in einer kleinen Schüssel zu einer Würzsauce verrühren.

3. Das Öl erhitzen, den Lauch darin etwa 3 Minuten unter Rühren braten, so daß er ganz mit dem Öl überzogen ist. Ihn dann vom Herd nehmen und die Würzsauce darunterrühren.

4. Den Lauch auf eine Platte geben und heiß, lauwarm oder kalt servieren.

Variation:
Anstelle des Lauchs können Sie auch Chinakohl nehmen.

Bai Cai Juan (aus Beijing)

Vegetarische Chinakohlrollen

Zubereitungszeit: ca. 1/2 Stunde

Sie benötigen für 4 Portionen:

8 große Chinakohlblätter
1 Zwiebel
2 mittelgroße Karotten
100 g Champignons
10 g frischen Ingwer
1 Knoblauchzehe
4 EL Sojaöl
100 g frische Mungbohnenkeime
3 EL helle Sojasauce
1 Msp. Salz
1 Msp. frisch gemahlenen
weißen Pfeffer
1/4 l Gemüsebrühe
2 EL Maisstärke

So wird's gemacht:

1. Die Chinakohlblätter waschen, kurz in heißem Wasser blanchieren, danach abtrocknen und die dicken Mittelrippen flach schneiden.

2. Die Zwiebel schälen, halbieren und in dünne Streifen schneiden. Die Karotten schälen und in feine Stifte schneiden. Die Champignons putzen und in feine Scheiben schneiden.

3. Den Ingwer und den Knoblauch schälen und fein hacken.

4. Die Hälfte des Öls erhitzen, die Zwiebel darin unter Rühren anbraten. Den Knoblauch und den Ingwer dazugeben, dann die Karotten, die Champignons und die Mungbohnenkeime darunterrühren. Das Gemüse mit der Sojasauce, dem Salz und dem Pfeffer würzen.

5. Die Kohlblätter ausbreiten. Das Gemüse darauf geben. Die Kohlränder nach innen schlagen und die Blätter vom Strunk her aufrollen.

6. Das restliche Öl erhitzen, die Rollen darin rundherum anbraten. Die Gemüsebrühe dazugießen und die Rollen zugedeckt etwa 1/4 Stunde garen.

7. Die Stärke mit etwas Wasser verrühren. Die Kohlrollen auf einer Platte anrichten und warm stellen.

8. Den Gemüsesud mit der Stärke aufkochen lassen. Die Sauce eventuell mit Sojasauce und Pfeffer nachwürzen und über die Rollen gießen. Die Chinakohlrollen warm servieren.

Ya Bai Se La (aus Beijing)

Chinakohlsalat

Zubereitungszeit: ca. 20 Minuten

Sie benötigen für 4 Portionen:
- 1 kg Chinakohl
- 2 EL Sojaöl
- 2 EL Sesamöl

Für die Sauce:
- 4 EL Reisweinessig
- 4 EL Sojasauce Ketjap Manis
- ½ TL Sambal Oelek
- 2 EL Zucker
- ½ TL Salz

So wird's gemacht:

1. Den Chinakohl waschen, halbieren und in dünne Streifen schneiden.

2. Das Öl erhitzen und den Kohl maximal 3 Minuten pfannenrühren.

3. Den Essig, die Sojasauce, das Sambal Oelek, Zucker und Salz zu einer Sauce verrühren und diese über den heißen Kohl geben.

4. Das Gericht mit Sesamöl abschmecken und nach Belieben warm oder kalt servieren.

(auf dem Foto: links)

Hu Luo Bo Xie Bing (aus Beijing)

Gebratene Karottenkrabben

Zubereitungszeit: ca. ¼ Stunde
Zeit zum Quellen: ca. ¼ Stunde

Sie benötigen für 4 Portionen:
- 500 g Karotten

Für den Teig:
- 5 EL Mehl
- 1 Msp. Salz
- ¼ TL frisch gemahlenen weißen Pfeffer

Außerdem:
- 5 EL Sojaöl
- 100 ml Chinaessig oder Weinessig

So wird's gemacht:

1. Die Möhren waschen, schälen und in feine Stifte schneiden.
2. Das Mehl, 150 ml Wasser, Salz und Pfeffer zu einem dickflüssigen Teig verrühren und ihn etwa ¼ Stunde quellen lassen.
3. Die Möhrenstifte unter den Teig heben.
4. Das Öl erhitzen. Die Möhrenmasse löffelweise darin ausbacken, dabei zu 3½ cm langen Plätzchen verstreichen.
5. Die Möhrenplätzchen (sie sehen nach dem Backen wie Krabben aus) heiß servieren. Vor dem Verzehr in den Essig tunken.
(auf dem Foto: Mitte)

Dou Ya Se La (aus Beijing)

Salat aus Mungbohnenkeimen

Zubereitungszeit: ca. 20 Minuten

Sie benötigen für 4 Portionen:

1 mittelgroße Stange Lauch
1 mittelgroße Karotte
1 Zwiebel
250 g frische Mungbohnenkeime
2 EL Sojaöl
2 EL Reisweinessig
2 EL Zitronensaft
¼ TL Salz
¼ TL frisch gemahlenen weißen Pfeffer
1 Msp. Vetsin

So wird's gemacht:

1. Den Lauch waschen, putzen, zuerst in 3 cm lange Stücke und dann in schmale Stiftchen schneiden. Die Karotte und die Zwiebel schälen. Die Karotte in feine Stifte schneiden und die Zwiebel fein hacken. Die Mungbohnenkeime waschen.
2. Das Öl erhitzen. Die Zwiebel kurz pfannenrühren. Den Lauch und die Karotte dazugeben und ebenfalls kurz pfannenrühren. Dann die Mungbohnenkeime daruntermengen. Das Gemüse sofort von der Herdplatte nehmen.
3. Es mit Essig, Zitronensaft, Salz, Pfeffer und Vetsin pikant abschmecken
4. Das Gemüse anschließend lauwarm servieren.
(auf dem Foto: rechts)

Ma Yi Shang Shu (aus Sichuan)

Ameisen steigen auf den Baum

Zubereitungszeit: ca. 40 Minuten

Sie benötigen für 4 Portionen:

- 100 g Glasnudeln
- 250 g Rinderhackfleisch
- 2 EL Sojasauce Ketjap Manis
- 2 EL Reiswein oder Sherry Amontillado
- 1 1/2 TL Sesamöl
- 1 EL Maisstärke
- 2 Frühlingszwiebeln
- 2 EL Sojaöl
- 2 EL schwarze fermentierte Bohnen
- 1 Prise Zucker

So wird's gemacht:

1. Die Glasnudeln in kochendes Wasser geben und darin etwa 1/2 Stunde quellen lassen.
2. In der Zwischenzeit das Rinderhackfleisch mit der Sojasauce, dem Reiswein oder dem Sherry, dem Sesamöl und der Stärke mischen und etwa 20 Minuten ziehen lassen.
3. Die Frühlingszwiebeln putzen, etwas Grün beiseite legen. Den Rest kleinschneiden.
4. Die Glasnudeln abgießen, mit kaltem Wasser kurz abschrecken und gut abtropfen lassen. Die Nudeln mit einer Schere in etwa 7 cm lange Stücke schneiden, auf einer vorgewärmten Platte anrichten und warm halten.
5. Das Öl erhitzen. Die Frühlingszwiebeln und das Fleisch unter Rühren scharf anbraten. Die Bohnen und den Zucker dazugeben. Alles kurz aufkochen lassen und nochmals kurz mit den Würzsaucen abschmecken.
6. Die Fleischmasse in einem breiten Streifen auf den Glasnudeln anrichten. Das Zwiebelgrün darüberstreuen und das Ganze sofort servieren.

Chun Wan Mian (aus Beijing)

Frühlingsbällchen süß-sauer auf Nudeln

Zubereitungszeit: ca. 3/4 Stunden

Sie benötigen für 4 Portionen:

500 g gemischtes Hackfleisch
6 EL Sojasauce Ketjap Manis
4 EL Reiswein
oder Sherry Amontillado
2 Eier
1/4 TL Salz
1/4 TL frisch gemahlenen
schwarzen Pfeffer
1 mittelgroße Stange Lauch
250 g Mie-Nudeln
5 EL Sojaöl

Für die Sauce:

250 g Karotten
100 ml Hühnerbrühe
4 EL Ketchup
2 EL Maisstärke
2 EL Sojasauce Ketjap Manis
1/4 TL frisch gemahlenen
schwarzen Pfeffer

So wird's gemacht:

1. Das Hackfleisch mit 3 Eßlöffeln Sojasauce, dem Reiswein oder dem Sherry und den Eiern verkneten. Die Masse mit Salz und Pfeffer würzen.

2. Den Lauch putzen, waschen und in feinste Ringe schneiden. Den Lauch unter das Hackfleisch mischen. Die Masse etwas stehen lassen und daraus kleine Klößchen mit 2 1/2 cm Durchmesser formen.

3. Die Nudeln in leicht gesalzenem Wasser bißfest kochen, anschließend mit kaltem Wasser kurz abschrecken. Die Nudeln mit 3 Eßlöffeln Sojasauce mischen, auf eine Servierplatte geben und warm stellen.

4. Das Öl erhitzen. Die Klößchen darin von allen Seiten braten, auf den Nudeln anrichten und beides wieder warm stellen.

5. Für die Sauce die Karotten schälen und schräg in sehr dünne Scheiben schneiden. Dann kurz anbraten, mit der Brühe ablöschen und bei geringer Hitzezufuhr etwa 5 Minuten garen.

6. Den Ketchup mit 3 Eßlöffeln Wasser verrühren und zu den Karotten geben. Die Stärke mit etwas Wasser verrühren, zu den Karotten geben und alles einmal aufkochen lassen. Die Karotten mit Sojasauce und Pfeffer abschmecken.

7. Die Klößchen mit der Sauce überziehen und das Gericht sofort servieren.

Dan Chao Fan (aus Beijing)

Gebratener Reis mit Ei und Lauch

Zubereitungszeit: ca. 20 Minuten

Sie benötigen für 4 Portionen:

1 mittelgroße Stange Lauch
4 Eier
1 Msp. Salz
1 Msp. frisch gemahlenen weißen Pfeffer
6 EL Sojaöl
450 g gekochten Reis (ca. 150 g Rohprodukt), siehe Seite 14

So wird's gemacht:

1. Den Lauch putzen, waschen und in feine Ringe schneiden.
2. Die Eier aufschlagen und mit Salz und Pfeffer gut verquirlen.
3. Etwa 3 Eßlöffel Öl erhitzen. Den Lauch darin kurz anbraten, dann herausnehmen und abtropfen lassen. 2 Eßlöffel Öl dazugeben, die Eier darin braten, dann in Stückchen zerreißen und herausnehmen.
4. Das restliche Öl in den Wok geben, den Reis darin kurz anbraten, Lauch und Eistückchen daruntermischen und das Gericht sofort servieren.
(auf dem Foto: oben)

Tip

Dieses Gericht ist ideal, um Reisreste vom Vortag zu verwerten.

Shi Jin Chao Fan (aus Shanghai)

Gemischte Reispfanne

Zubereitungszeit: ca. $^3/_4$ Stunden

Sie benötigen für 4 Portionen:

125 g Reis, Salz
3 Eier
125 g Hähnchenfleisch
125 g gekochten Schinken
6 Mu-Err-Pilze
6 EL Sojaöl
125 g geschälte, gekochte Tiefseegarnelen
100 ml Hühnerbrühe
2 EL Reiswein
4 EL Sojasauce Asin
$^1/_4$ TL gemahlenen weißen Pfeffer

So wird's gemacht:

1. Den Reis in leicht gesalzenem Wasser bißfest kochen (siehe Seite 20).
2. In der Zwischenzeit die Eier aufschlagen und verquirlen. Das Hähnchenfleisch und den Schinken in kleine Würfel schneiden.
3. Die Pilze mit reichlich Wasser aufsetzen, zum Kochen bringen und etwa 10 Minuten ziehen lassen. Das Wasser abgießen, die Pilzstiele abschneiden und die Pilze in Streifen schneiden.
4. Etwa 2 Eßlöffel Öl erhitzen. Die Eier darin braten, anschließend in Stückchen zerreißen. Die Eier herausnehmen und warm stellen.
5. Wieder 2 Eßlöffel Öl erhitzen und das Hähnchenfleisch darin anbraten. Die Tiefseegarnelen dazugeben. Schinkenwürfel und Pilzstreifen darunterheben.
6. Alles kurz pfannenrühren, herausnehmen und warm stellen.
7. Das restliche Öl erhitzen und den Reis darin kurz anbraten. Die Brühe angießen und den Reis mit Reiswein, Sojasauce und Pfeffer würzen. Sowohl die Eier als auch das Fleischgemisch mit dem Reis mischen.
(auf dem Foto: unten)

Suppen, Eintöpfe, Mehlspeisen und süße Gerichte

Suppen stehen in der chinesischen Küche nicht am Anfang eines Menüs: Sie beschließen vielmehr eine mehrgängige Mahlzeit und werden zwischen zwei geschmacklich sehr unterschiedlichen Speisen gereicht. Das gilt auch für Eintopfgerichte, für Eier- und Mehlspeisen und für „süße Genüsse“.

Xian Ji Tang (aus Guangdong)

Pikante Hühnersuppe

Zubereitungszeit: ca. 3/4 Stunden

Sie benötigen für 4 Portionen:

1 Zwiebel
1 Knoblauchzehe
500 g Hühnerklein
1 Msp. Salz
25 g Glasnudeln
1 mittelgroße Stange Lauch
1/2 rote Paprikaschote
200 g frische Mungbohnenkeime
3 EL Sojasauce Ketjap Manis
3 EL Reiswein
oder Sherry Amontillado
1/2 EL gemahlenen weißen Pfeffer

So wird's gemacht:

1. Die Zwiebel und die Knoblauchzehe schälen. Die Zwiebel würfeln, den Knoblauch fein hacken.
2. Das Hühnerklein waschen und zusammen mit dem Salz, der Zwiebel und dem Knoblauch in 1l Wasser etwa 1/2 Stunde garen.
3. In der Zwischenzeit 1/2 l Wasser zum Kochen bringen, die Glasnudeln hineinlegen und darin etwa 1/2 Stunde ziehen lassen.
4. Das Fleisch aus der Brühe nehmen und von Haut und Knochen ablösen. Den Lauch putzen, waschen, in 4 cm lange Stücke und dann längs in feine Streifen schneiden. Die Paprikaschote waschen, putzen, längs in mehrere Stücke schneiden und quer in feine Streifen schneiden.
5. Die Nudeln abgießen und mit kaltem Wasser abschrecken.
6. Die Hühnerbrühe zum Kochen bringen, die Paprikaschote und die Nudeln dazugeben. Nach etwa 2 Minuten das Fleisch, die Lauchstreifen und die gewaschenen Mungbohnenkeime hinzufügen.
7. Die Suppe mit Sojasauce, Reiswein oder Sherry und Pfeffer abschmecken und heiß servieren.
(auf dem Foto: oben)

Yu Mi Geng (aus Guangdong)

Maiscremesuppe

Zubereitungszeit: ca. 3/4 Stunde

Sie benötigen für 4 Portionen:

1 Zwiebel
1 Knoblauchzehe
500 g Hühnerklein
1/4 TL Salz
2 EL Maisstärke
250 g Mais (aus der Dose)
1/4 TL Sesamöl
3 EL Milch
2 ganz frische Eiweiß

So wird's gemacht:

1. Die Zwiebel schälen und würfeln, die Knoblauchzehe schälen und fein hacken. Das Hühnerklein waschen und zusammen mit dem Salz, der Zwiebel und dem Knoblauch in 1 l Wasser etwa 1/2 Stunde köcheln lassen.
2. Das Fleisch aus der Brühe nehmen, etwas abkühlen lassen und anschließend von Haut und Knochen lösen.
3. Die Stärke mit etwas Wasser verrühren. Die Stärke in die Hühnerbrühe rühren und sie zum Kochen bringen. Die abgetropften Maiskörner aus der Dose dazugeben und die Suppe unter Rühren etwa 10 Minuten köcheln lassen, dann das Hühnerfleisch wieder dazugeben.
4. Die Suppe vom Feuer nehmen, mit Sesamöl abschmecken und in eine Terrine geben.
5. Die Eiweiße schaumig schlagen und die Milch dazurühren. Die Suppe mit der Eiweiß-Milch-Mischung überziehen und sofort servieren.
(auf dem Foto: Mitte)

Rou Wan Ji Tang (aus Beijing)

Hühnersuppe mit Rettich und Fleischklößchen

Zubereitungszeit: ca. 3/4 Stunden

Sie benötigen für 4 Portionen:

1 Zwiebel
1 Knoblauchzehe
250 g Hühnerklein
1 Msp. Salz
1/2 mittelgroßen Rettich
2 mittelgroße Karotten
250 g gemischtes Hackfleisch
2 EL Reiswein
oder Sherry Amontillado
2 EL Sojasauce Ketjap Manis
3 EL Mehl
1/4 TL frisch gemahlenen
schwarzen Pfeffer

So wird's gemacht:

1. Die Zwiebel und die Knoblauchzehe schälen. Das Hühnerklein waschen und zusammen mit der Knoblauchzehe und der Zwiebel sowie dem Salz in 1 l Wasser etwa 1/2 Stunde köcheln lassen.
2. Den Rettich und die Karotten schälen und in grobe Stifte schneiden.
3. Das Hackfleisch mit dem Reiswein oder dem Sherry, der Sojasauce, dem Mehl und dem Pfeffer gut mischen und aus der Masse kleine Bällchen formen.
4. Das Hühnerfleisch aus der Brühe nehmen, leicht abkühlen lassen und das Fleisch von Haut und Knochen lösen.
5. Den Rettich und die Karotten in die heiße Brühe geben, danach die Fleischbällchen hineinlegen. Sobald die Bällchen an die Oberfläche kommen, das Hühnerfleisch in die Brühe geben.
6. Die Suppe eventuell noch etwas mit Sojasauce und Pfeffer abschmecken und sofort servieren.
(auf dem Foto: unten)

**Huo Tui Mo Gu Tang
(aus Shanghai)**

Schinken-Huhn-Pilz-Suppe

Zubereitungszeit: ca. 1 1/4 Stunden

Sie benötigen für 4 Portionen:

6 Tung-Koo-Pilze
50 g rohen geräucherten Schinken
1/2 Zwiebel
1 Knoblauchzehe
500 g Hühnerklein
1 Msp. Salz
1 Msp. frisch gemahlenen
schwarzen Pfeffer
3 EL Sojasauce Ketjap Manis
2 EL Reiswein
oder Sherry Amontillado

So wird's gemacht:

1. Die Pilze in 1/2 l kaltem Wasser aufsetzen, es zum Kochen bringen und die Pilze etwa 1 Stunde köcheln lassen.
2. In der Zwischenzeit den Schinken in feinste Streifen schneiden. Die Zwiebel schälen und würfeln, die Knoblauchzehe schälen und fein hacken.
3. Das Hühnerklein waschen und zusammen mit der Zwiebel, dem Knoblauch und dem Salz in 1 l Wasser etwa 1/2 Stunde garen.
4. Das Fleisch aus der Brühe nehmen, abkühlen lassen und von Haut und Knochen lösen.
5. Den Schinken in die Brühe geben und darin etwa 10 Minuten köcheln lassen.
6. Die Pilze aus dem Wasser nehmen, die Stiele abschneiden und die Pilze in feine Streifen schneiden. Pilze und Pilzwasser in die Brühe geben und diese nochmals 10 Minuten lang köcheln.
7. Das Hühnerfleisch in die Suppe geben und sie mit Pfeffer, Sojasauce, Reiswein oder Sherry pikant abschmecken.
(auf dem Foto: unten)

Hun Dun Tang (aus Guangdong)

Wan-Tan-Suppe

Zubereitungszeit: ca. 1/2 Stunde (ohne Zeit zum Auftauen)

Sie benötigen für 4 Portionen:

50 Wan-Tan-Teigplättchen (TK-Produkt)
1 l Hühnerbrühe
175 g Fleisch (Hähnchenfleisch, Schweinefleisch oder rohe geschälte Tiefseegarnelen)
1 Frühlingszwiebel
1 EL Sojaöl
2 EL Sojasauce Ketjap Manis
1 EL Maisstärke
1/2 TL Zucker, 1/4 TL Salz
1/4 TL gemahlenen weißen Pfeffer
1 Bund glatte Petersilie

So wird's gemacht:

1. Die Wan-Tan-Teigplatten auftauen lassen.
2. Die Hühnerbrühe zum Kochen bringen.
3. Das Fleisch oder die Garnelen sehr fein hacken. Die Frühlingszwiebel waschen, putzen und ebenfalls fein hacken. Das Fleisch und die Frühlingszwiebel mit Öl, Sojasauce und Stärke mischen und die Masse mit Zucker, Salz und Pfeffer abschmecken.
4. Auf jedes Teigplättchen etwa 1/2 Teelöffel Füllmasse geben, den Rand mit Wasser befeuchten. Die Teigplättchen diagonal zusammenklappen und den Teig fest aufeinanderdrücken.
5. Die Wan-Tan-Taschen in die kochende Hühnerbrühe legen und etwa 5 Minuten sieden lassen.
6. Die Suppe vor dem Servieren mit Petersilienblättchen bestreuen.
(auf dem Foto: oben)

Tip

Bleiben Wan-Tans übrig, kann man sie gut einfrieren.

Si Chuan Tang (aus Sichuan)

Sichuansuppe (scharf-sauer)

Zubereitungszeit: ca. $1^1/_4$ Stunden

Sie benötigen für 4 Portionen:

3 Tung-Koo-Pilze
25 g Glasnudeln
1 l Hühnerbrühe
50 g Schweineschnitzelfleisch
1 EL Mehl
1 Msp. Salz
$^1/_4$ TL frisch gemahlenen weißen Pfeffer
1 mittelgroße Stange Lauch
50 g Bambussprossen (aus der Dose)
1 EL Sojaöl
3 EL rohe, geschälte Tiefseegarnelen
2 EL Maisstärke
4 EL Sojasauce Ketjap Manis
3 EL Chinaessig
2 EL Chilisauce

So wird's gemacht:

1. Die Pilze in $^1/_2$ l Wasser aufsetzen, das Wasser zum Kochen bringen und die Pilze darin etwa 1 Stunde köcheln lassen.

2. Nach etwa $^1/_2$ Stunde die Glasnudeln in kochendes Wasser geben und sie $^1/_2$ Stunde darin ziehen lassen.

3. In der Zwischenzeit die Brühe zum Kochen bringen.

4. Das Fleisch in sehr feine Streifen schneiden und mit Mehl, Salz und Pfeffer mischen. Den Lauch putzen, waschen und schräg in feine Ringe schneiden. Die Bambussprossen in feine Streifen schneiden.

5. Das Öl erhitzen, das Fleisch kurz darin anbraten. Die Brühe dazugießen und aufkochen lassen.

6. Die Glasnudeln absieben, mit kaltem Wasser abschrecken und mit einer Schere in 10 cm lange Stücke schneiden.

7. Die Pilze abseihen, das Pilzwasser auffangen. Die Stiele abschneiden und die Pilze in feine Streifen schneiden.

8. Zuerst die Glasnudeln, dann nacheinander das Gemüse, die Pilze, die Garnelen und den Pilzsud in die Brühe geben.

9. Die Stärke mit 6 Eßlöffel Wasser, der Sojasauce und dem Essig verrühren, in die Suppe geben und sie aufkochen lassen. Die Suppe mit Pfeffer und Chilisauce abschmecken und heiß servieren.

Yun Nan Sha Guo (aus Yunnan)

Yunnantopf

Zubereitungszeit: ca. 1 1/4 Stunde
Spezielles Küchengerät: Chi-Go-Topf

Sie benötigen für 4 Portionen:

1 Hähnchen (ca. 1 kg)
50 g frischen Ingwer
100 ml Hühnerbrühe
3 EL Sojasauce Ketjap Manis
100 ml Reiswein
oder Sherry Amontillado
1/4 TL Salz
1/4 TL frisch gemahlenen
weißen Pfeffer
100 g frische Mungbohnenkeime

So wird's gemacht:

1. Das Hähnchen waschen und trockentupfen, mitsamt den Knochen in mundgerechte Stücke zerhacken und diese in den Chi-Go-Topf legen.
2. Den Ingwer schälen, in feine Scheiben schneiden und dazugeben.
3. Die Hühnerbrühe, die Sojasauce, den Reiswein oder den Sherry, Salz und Pfeffer mischen und darübergeben.
4. Wasser in einem kleinen Topf zum Kochen bringen. Den Chi-Go-Topf daraufsetzen und den Inhalt etwa 3/4 Stunden dämpfen.
5. Die Mungbohnenkeime zu dem Hähnchen geben und alles zusammen nochmals 5 Minuten dämpfen. Das gegarte Gericht im Chi-Go-Topf servieren.

Tip

Dieses Gericht schmeckt intensiv nach Ingwer. Wer es weniger stark gewürzt mag, entfernt die Ingwerscheiben nach der Hälfte der Garzeit.

Xiao Long Rou Bao (aus Beijing)

Dim Sum mit Hackfleisch

Zubereitungszeit: ca. ¾ Stunden
Spezielles Küchengerät:
Dämpfkörbchen

Sie benötigen für 4 Portionen:

Für die Füllung:

10 g frischen Ingwer
250 g Schweinehackfleisch
3 EL Sojasauce Ketjap Asin
3 EL Reiswein
¼ TL Salz
¼ TL Zucker
1 Msp. frisch gemahlenen schwarzen Pfeffer
4 EL Sesamöl

Für den Teig:

250 g Mehl

Außerdem:

mehrere Salatblätter

Für die Würzsauce:

50 ml Sojasauce Ketjap Manis
50 ml Chinaessig

So wird's gemacht:

1. Den Ingwer schälen und fein hacken.
2. Das Hackfleisch zunächst mit der Sojasauce Ketjap Asin, dem Reiswein, dem Ingwer, dem Salz, dem Zucker, dem Pfeffer und 3 Eßlöffeln Wasser gut mischen, dann das Sesamöl darunterkneten.

3. Für den Teig das Mehl zusammen mit ⅛ l Wasser zu einem elastischen Teig verkneten. Den Teig zu einer 3 cm dicken Rolle formen und diese in 24 Stücke schneiden. Diese zu 5 cm großen Scheiben ausrollen.
4. Je 1 Teelöffel der Hackfleischmasse auf die Mitte jeder Teigscheibe geben. Den Teig zusammenraffen und oben zusammendrehen.
5. Die Dämpfkörbchen mit den gewaschenen Salatblättern auslegen, die Teigtaschen hineinsetzen und die Dämpfkörbchen zudecken. Die Teigtaschen über kochendem Wasser ungefähr 10 Minuten dämpfen.
6. In der Zwischenzeit die Sojasauce Ketjap Manis und den Chinaessig verrühren.
7. Die Teigtaschen im Dämpfkörbchen servieren, die Würzsauce getrennt dazu reichen.
(auf dem Foto: links)

Dim Sum mit Hähnchen-Garnelen-Füllung

50 g Blattspinat
125 g Hähnchenbrustfilet
125 g rohe, geschälte Tiefseegarnelen
1 Ei, 2 EL helle Sojasauce
3 EL Reiswein, 1 EL Maisstärke
1 TL Wu-Fen (Fünf-Gewürze-Pulver)
1 Msp. Salz, 1 EL Sojaöl
Teig für Teigtaschen (siehe links)
Würzsauce für Teigtaschen (siehe links)

So wird's gemacht:

Für die Füllung den Blattspinat putzen, waschen, blanchieren und in feine Streifen schneiden. Das Hähnchenbrustfilet und die Garnelen hacken, mit den restlichen Zutaten für die Füllung mischen und die Masse etwa ¼ Stunde durchziehen lassen.
Die Teigtaschen wie beschrieben zubereiten und etwa ¼ Stunde dämpfen.
(auf dem Foto: Mitte)

Chun Juan (aus Henan)

Frühlingsröllchen

Zubereitungszeit: ca. 1 Stunde

Sie benötigen für 50 Stück:

Für die Röllchen:

50 Blatt TK-Teig
für kleine Frühlingsrollen
250 g Hähnchenbrustfilet
10 g frischen Ingwer
1 Knoblauchzehe
2 Zwiebeln
1 mittelgroße Karotte
1 mittelgroße Stange Lauch
1 Paprikaschote
50 g Bambussprossen (aus der Dose)
150 g frische Mungbohnenkeime
1 EL Sojaöl
100 g Erbsen
(frisch oder TK-Produkt)
1 Msp. Salz
1 Msp. Vetsin
½ TL Pfeffer
1 EL Sesamöl

Außerdem:

1 Eiweiß
Öl zum Fritieren

So wird's gemacht:

1. Den Frühlingsrollenteig auftauen lassen. Für die Füllung das Hähnchenbrustfilet in feine Streifen schneiden.

2. Den Ingwer und den Knoblauch schälen und fein hacken. Die Zwiebeln schälen, halbieren und in dünne Streifen schneiden. Die Karotte schälen, den Lauch putzen und waschen, die Paprikaschote waschen und putzen, die Bambussprossen abtropfen lassen. Die Mungbohnenkeime waschen und abtropfen lassen. Karotte, Lauch, Paprikaschote und Bambussprossen in dünne Streifen schneiden.

3. Das Hähnchenbrustfilet in Sojaöl anbraten. Den Ingwer und den Knoblauch dazugeben und ebenfalls anbraten. Nacheinander die Karotte, den Lauch, die Paprikaschote, die Bambussprossen, die Mungbohnenkeime und die Erbsen dazugeben und alles gut mischen.

4. Die Gewürze und das Sesamöl dazugeben und die Masse abkühlen lassen.

5. Je 1 gehäuften Teelöffel der Masse auf ein Teigblatt geben, die Ränder des Teigblattes mit verquirltem Eiweiß bestreichen und den Teig aufrollen, die Ränder wie einen Briefumschlag zufalten.

6. Die Frühlingsröllchen in heißem Öl goldbraun fritieren.
(auf dem Foto: rechts)

Variationen

Statt des Hühnerfleisches kann man auch 250 g gemischtes Hackfleisch oder Tiefseegarnelen verwenden.

…da (aus Guangdong)

…eschwipste Melone

Zubereitungszeit: ca. ½ Stunde
Zeit zum Abkühlen: ca. ½ Stunde
Marinierzeit: ca. 1 Stunde

Sie benötigen für 4 Portionen:

1 Honigmelone
500 g frische Lychees
1 Zitrone
100 ml Reiswein
oder Sherry Amontillado
100 g weißen Kandiszucker
4 EL Orangenlikör

So wird's gemacht:

1. Das obere Drittel der Melone abschneiden. Die Kerne herausnehmen, dann das Fruchtfleisch mit einem Kugelausstecher herauslösen. Den Rand der Melonenschale zickzackförmig schneiden.
2. Die Lychees schälen und entkernen.
3. Die Zitrone auspressen. Den Reiswein oder den Sherry erhitzen, den Kandiszucker darin auflösen. Den Likör und den Zitronensaft dazugeben und den Sirup erkalten lassen.
4. Die Melonenbällchen und die Lychees mischen und in die Melonenschale füllen. Die Früchte mit dem Sirup begießen.
5. Die Früchte etwa 1 Stunde marinieren lassen. Sie dann in der Melonenschale servieren.
(auf dem Foto: unten)

Ju Zhi Cha (aus Beijing)

Süßer Orangentee

Zubereitungszeit: ca. 20 Minuten

Sie benötigen für 4 Portionen:

3 Orangen
50 g Zucker
2 EL Maisstärke

So wird's gemacht:

1. Die Orangen sorgfältig schälen und in Schnitze teilen. Diese in kleine Stückchen schneiden. Den Saft dabei auffangen.
2. Etwa ½ l Wasser zusammen mit dem Zucker zum Kochen bringen und so lange köcheln lassen, bis sich der Zucker aufgelöst hat.
3. Die Stärke mit etwas Wasser verrühren, in das Zuckerwasser geben, aufkochen lassen.
4. Das Fruchtfleisch zusammen mit dem ausgetretenen Saft dazugeben und alles wieder unter Rühren erhitzen. Den Orangentee sofort in kleinen Schälchen servieren.
(auf dem Foto: oben)

Variation

Außer den Orangen kann man auch kleine Ananasstückchen verwenden und das Ganze mit einem Schuß Orangenlikör abschmecken.

Shang Jiang Tian Xing Wan
(aus Beijing)

Süße Ingwerbällchen

Zubereitungszeit: ca. 3/4 Stunden
Gehzeit: ca. 50 Minuten
Spezielles Küchengerät: Dämpfkörbchen

Sie benötigen für 4 Portionen:

Für den Teig:

- 1 unbehandelte Zitrone
- 50 g Walnußkerne
- 50 g Butter
- 500 g Mehl
- 1/4 l lauwarme Milch
- 1 Ei
- 1 Msp. Salz
- 75 g Zucker
- 1 Päckchen Trockenhefe

Für die Füllung:

- 50 g kandierte Orangen
- 50 g kandierte Kirschen
- 50 g kandierte Datteln
- 1 eingelegte Ingwernuß
- 50 g Mandelsplitter
- 1 EL Reiswein

Außerdem:

- 4 EL Zucker

So wird's gemacht:

1. Die Zitrone waschen und die Schale abreiben. Die Walnußkerne sehr fein hacken.
2. Die Butter schmelzen und wieder leicht abkühlen lassen.
3. Das Mehl in eine Schüssel sieben. Zitronenschale, Walnüsse, Milch, Ei, Salz, Zucker, Hefe und Butter dazugeben und alles zu einem geschmeidigen Teig verkneten. Den Teig abgedeckt bei Zimmertemperatur etwa 1/2 Stunde gehen lassen.
4. In der Zwischenzeit die kandierten Früchte und den Ingwer fein würfeln und mit den Mandeln und dem Reiswein mischen.
5. Den Teig nochmals kräftig durchkneten, erneut ungefähr 20 Minuten gehen lassen und danach wieder durchkneten.
6. Auf einer bemehlten Arbeitsfläche den Teig zu 8 cm großen Plätzchen ausrollen. Etwa 1/2 Eßlöffel Fruchtmasse auf jedes Plätzchen geben und die Plätzchen zu kleinen Kugeln zusammenrollen.
7. Die Ingwerbällchen in Dämpfkörbchen setzen und über 1/2 l gesüßtem Wasser etwa 25 Minuten dämpfen.
(auf dem Foto: Mitte)

Ba Bao Fan (aus Beijing)

Reis der acht Köstlichkeiten

Zubereitungszeit: ca. 2 Stunden
Quellzeit: ca. 1/4 Stunde
Spezielle Küchengeräte: hitzebeständige, runde Glasform (1,5 l Inhalt) und Dämpfkorb

Sie benötigen für 4 Portionen:

- 125 g weißen Klebreis
- 6 kandierte Datteln
- 275 g Rote-Bohnen-Paste
- 2 EL Mehl
- 2 EL Sojaöl
- 50 g Schweineschmalz
- 50 g kandierte Kirschen
- 18 kandierte Orangenscheiben
- 18 Sultaninen
- 18 Rosinen
- 3 EL Zucker
- 8 EL Zuckerrüben- oder Ahornsirup

So wird's gemacht:

1. Den Reis mit kaltem Wasser gut abspülen und im Sieb abtropfen lassen. Den Reis dann in 3/4 l Wasser etwa 25 Minuten kochen.

2. In der Zwischenzeit die Datteln in heißem Wasser etwa 1/4 Stunde quellen lassen. Sie dann längs aufschneiden und den Stein entfernen.

3. Die Bohnenpaste und das Mehl verrühren. Das Öl erhitzen, die Bohnenpaste dazugeben und unter ständigem Rühren etwa 5 Minuten köcheln. Die Masse vom Feuer nehmen und abkühlen lassen.

4. Eine hitzebeständige Glasform mit der Hälfte des Schmalzes ausfetten. Die kandierten Früchte dekorativ auf dem Boden und an den Wänden der Form anordnen.

5. Den Reis, das restliche Schmalz und den Zucker mischen.

6. Vorsichtig die Hälfte des Reises auf die Früchte geben. Die Bohnenpaste darauf geben und mit dem restlichen Reis abdecken. Die Oberfläche glatt verstreichen.

7. Die Form in einen Dämpfkorb stellen, den Reis etwa 1 1/4 Stunden über Wasser dämpfen.

8. Den Sirup erhitzen.

9. Den Reispudding nach dem Garen auf eine Platte stürzen und mit dem Sirup servieren.

Zha Bo Luo (aus Guangdong)

Bananen mit Honig

Zubereitungszeit: ca. 1/2 Stunde
Zeit zum Quellen: ca. 1/2 Stunde

Sie benötigen für 4 Portionen:

Für den Teig:
200 g Mehl
10 g Backpulver
1 Ei

Außerdem:
4 kleine Bananen
Öl zum Fritieren
8 EL Honig
100 g Mandelsplitter

So wird's gemacht:
1. Das Mehl, das Backpulver und das Ei zusammen mit 1/4 l Wasser zu einem sämigen Teig verrühren und ihn etwa 1/2 Stunde quellen lassen.
2. Die Bananen schälen, längs halbieren und im Teig wenden. Die Bananen danach in heißem Öl goldgelb ausbacken.
3. Die Bananen auf einen Teller legen, etwas Honig darüberträufeln und die Mandeln darüber streuen. Die Bananen sofort servieren.

Variation
Anstelle der Bananen schmecken auch Ananas sehr gut.

Tip
Große Bananen sollten Sie vor dem Ausbacken quer in 2 oder 3 Stücke schneiden, anstatt sie längs zu halbieren.

Register

ISBN 3 8094 1266 X

Umschlaggestaltung: Soldan advertising, München
Redaktion: Monika Cremer und Birgit Wenderoth
Redaktion für diese Ausgabe: Carina Janßen
Herstellung für diese Ausgabe: JUNG MEDIENPARTNER, Niedernhausen
Fotos: FALKEN-Archiv: TLC-Foto-Studio GmbH, Velen-Ramsdorf; Foto S. 1: Gisela Kelbert, Idstein; Foto S. 4: Silvestris Fotoservice (A. N. T.), Kastl/Obb.

Satz: Filmsatz Schröter, München
Druck: Eurografica
Printed in Italy

047900195X817 2635 4453 6271